U0738895

PARADIGM EVOLUTION

CONSTRUCTION AND PRACTICE OF
HIGH ENGINEERING EDUCATION SYSTEM

▸▸◂◂

范式迭代

高等工程教育体系建构与实践

李 飞　李拓宇　著

ZHEJIANG UNIVERSITY PRESS
浙江大学出版社
·杭州·

图书在版编目（CIP）数据

范式迭代：高等工程教育体系建构与实践 / 李飞，
李拓宇著. —杭州：浙江大学出版社，2023.4
ISBN 978-7-308-23662-1

Ⅰ. ①范… Ⅱ. ①李… ②李… Ⅲ. ①高等教育－工
科(教育)－研究－中国 Ⅳ. ①G649.21

中国国家版本馆 CIP 数据核字（2023）第 064619 号

范式迭代：高等工程教育体系建构与实践

李　飞　李拓宇　著

责任编辑	李海燕
责任校对	林昌东
责任印制	范洪法
封面设计	雷建军
出版发行	浙江大学出版社
	（杭州市天目山路 148 号　邮政编码 310007）
	（网址：http://www.zjupress.com）
排　　版	杭州好友排版工作室
印　　刷	广东虎彩云印刷有限公司绍兴分公司
开　　本	710mm×1000mm　1/16
印　　张	12
字　　数	203 千
版 印 次	2023 年 4 月第 1 版　2023 年 4 月第 1 次印刷
书　　号	ISBN 978-7-308-23662-1
定　　价	58.00 元

版权所有　翻印必究　印装差错　负责调换
浙江大学出版社市场运营中心联系方式：(0571) 88925591；http://zjdxcbs.tmall.com

序　一

　　工学是我国高等教育规模最大的学科门类，在推进世界一流大学和一流学科建设进程中，一流的工程教育建设是重中之重。在当今新一轮科技革命和产业变革加速，我国提出加快实现高水平科技自立自强的大背景下，打造高质量的高等工程教育体系更是我国建设世界重要人才中心和创新高地的必然途径。基于工程教育的重要性，其相关研究也一直受到社会各界关注，尤其是改革开放以来，我国工程教育的研究逐步突破旧有框架和模式，在国际视野和理论深度上有了新的发展。但就前期大部分研究而言，学界的兴趣点主要集中在对国外工程教育的研究上，相比之下对于中国工程教育体系构建和改革的研究尚处于起步和探索阶段。而该书突破了单一的研究视角，从历史自身的逻辑出发展开讨论，将中国工程教育的发展置于国家现代化的进程中研究。

　　该书基于"总体趋势—我国现状—变革识别—案例分析—政策建议"的逻辑框架，作者在详细梳理我国高等工程教育体系近年来发展演变和范式迭代的基础上，总结分析了目前高等工程教育体系构建过程中存在的问题与挑战。并结合各高校的典型案例，在书中对高等工程教育体系的发展机制和构建路径进行了学理性剖析，总结归纳出当今高等工程教育体系的最新范式和发展方向，供专家学者进一步深入探讨。

　　作者对高等工程教育有比较深入的研究，从历史维度入手关注到高等工程教育体系的变革和发展，对当前存在的问题和面临的变革挑战有一定的思考，创新性地提出构建中国特色工程教育体系的实践路径，为我国工程教育体系的构建和实践提供了详细的案例库和可供借鉴的政策建议。

通过这本书,读者可以了解到目前国内在工程教育改革研究和实践方面几个典型案例的详细情况,由此对后疫情时代国际政治经济格局巨变背景下中国特色工程教育体系构建的路径方向、核心特征与关键要素有更进一步的认知。

清华大学教育研究院教授

联合国教科文组织国际工程教育中心副主任兼秘书长

王孙禺

序　二

改革开放以来,我国工程教育快速发展,目前规模位居世界第一,培养造就了大量工程技术人才,对 40 多年来的经济社会发展和产业升级起到了重要支撑作用。中国工程教育对于推进我国加快实现高水平科技自立自强、加快建设世界重要人才中心和创新高地具有重要价值。然而,从整体上看,我们在科技创新能力与拔尖创新人才培养方面仍需努力,在应用型工程技术人才培养上存在产学脱节问题。进入新时代,以习近平同志为核心的党中央把"培养大批卓越工程师"作为"加快建设国家战略人才力量"的重要内容,指出要探索形成中国特色、世界水平的工程师培养体系,这就为我们不断深化工程科技人才培养改革,提升卓越工程师自主培养质量指明了方向、提供了遵循。

面对当前严峻的国际环境、日渐复杂的工程情境,构建中国特色工程教育体系,打造中国特色世界水平的卓越工程师队伍,建设教育强国、服务现代化建设,具有重大战略意义。由浙江大学中国科教战略研究院青年学者李飞副研究员和李拓宇副研究员共同撰写的学术著作《范式迭代:高等工程教育体系建构与实践》,从历史自身的逻辑出发展开讨论,总结分析了目前高等工程教育体系构建过程中存在的问题与挑战,并将中国工程教育的改革与发展置于国家现代化建设的进程中展开研究,创新性地提出构建中国特色工程教育体系的实践路径,为我国工程教育改革实践的最新范式和发展方向提供了详细的案例库和可供借鉴的政策建议。

百年变局下,工程教育是国家科技创新的核心驱动力量之一,担负着培养国家急需的各类工程科技创新人才的重任。衷心期望有更多的高层决策

1

者、高校领导者、工程教育研究者、广大理工科教师和学生积极参与工程教育教学改革实践,为加速推动我国建成教育强国、科技强国、人才强国,开辟发展新领域、新赛道,不断塑造发展新动能、新优势!

天津大学新工科教育中心主任、机械工程学院教授

加拿大工程院院士

顾佩华

2023 年 3 月

自 序

高等工程教育发展源于"工程",一直伴随着全球技术革命与产业变革的发展,其本质是培养能够综合运用科学与技术手段解决复杂工程问题的"改造世界"力量。几千年来人类文明演化发展,历经近现代三次工业革命而快速蝶变,正在加快进入大科学、大工程、大文明的新时代。相比漫长的人类文明历程,现代意义上的大学只有 1100 多年历史,洪堡主义倡导构建的研究型大学仅有两百多年历史,我国最早开展工科类教育的北洋大学①成立于 1895 年,更是只有短短不到 120 年的历史。然而,近现代这两百年是人类社会高速发展时期,在此期间知识创造呈现爆发式指数级增长趋势,超过了以往数千年来人类社会所创造知识的总和。在新一轮技术革命与产业变革加速发展进程中,国际高等工程教育体系从技术范式、科学范式到工程范式,正在转向创新范式的发展路径,突破"工科"学科藩篱,跳出"教育"组织围墙,呈现出与以智能化为特征的新型工程、与数字化、与产业链、与商业模式等相结合的新发展规律。

新中国成立以来,我国工程教育紧随全球工程教育发展大势,整体经历了技术范式、科学范式两个时期,正进入工程范式发展阶段,从学苏联、学美欧,逐步开启具有中国特色的工程教育发展新范式。目前,我国高等工程教育占到整个本科教育专业数的 1/3、在校生的 1/3、毕业生的 1/3,毕业生占全世界总数的 1/3 以上,90% 以上的高等院校开设了工程类专业。工程教育培养造就的工程科技人才,完成了一系列令世界瞩目的超级工程,包括港

---

① 北洋大学,原天津北洋西学学堂,系天津大学前身,始建于 1895 年 10 月 2 日。

珠澳大桥、特高压输变电、航天、北斗卫星、高铁等。我国工程教育体系坚持与国家战略、科技发展和产业需求协同发展,有力地支撑了全球制造业第一大国的领先地位,国内工学专业、工科教育走在世界前列,尤其是本科阶段的工程教育处于世界一流水平。

打造高质量的高等工程教育体系,是我国建设世界重要人才中心和创新高地的必然路径。工程教育是全球人才竞争的主战场,工程科技人才培养水平是国家核心竞争能力。我国是世界上唯一拥有全部工业门类的国家,制造业是我国的立国之本、强国之基,其发展模式正从"人口红利+要素驱动"迭代升级为"工程师红利+创新驱动"。培养造就世界一流的工程师队伍,服务支撑科技强国与制造强国战略,是我国建设世界重要人才中心和创新高地的必然路径。但是,高等工程教育体系发展也面临一些深层次的问题与挑战,包括工程教育重视投入还不足、社会给予工程师的认同感不够强、工程科技人力资源的结构性矛盾较为突出、产学研结合的工程教育体系发展还不成熟、高层次工程科技人才培养不足等。

纵观世界主要工业强国的工程教育的发展,可以总结出以下几个特征,对我国高等工程教育体系建设与发展具有重要启示意义。一是努力追求"技术—科学—工程—社会"的均衡发展。融入全球大挑战、可持续发展等世界性、伦理性主题开展工程教育,是世界一流工学院的重要改革动向。工程复杂性对工程师胜任力提出了更高要求,不同发展范式类型在不同阶段的不同侧重,始终是高等工程教育改革关注的核心问题,但不能顾此失彼,更加需要平衡他们之间的关系。二是强调产业引领的工程教育自我变革。通过有组织方式汇聚产学研资源,将学生的实践学习落实在校企合作实验室、产学研合作项目、研究所等地方,强化工科教师的工程师背景,不断提高学生运用理论知识解决复杂工程实践问题的能力,面向产业急需、产业前沿以及未来产业培养高素质的工程科技人才。三是推进工程教育与职业教育的协同发展。根据工业化发达国家职业教育的有益经验,分轨制各具特色且在相应教育学段内公平互通,在上升通道上基本实现了"人人都有受教育权、人人都可以接受到同等教育"的社会主张,职业教育系统的内部贯通和"普职融通"成为重要发展趋势。四是高度重视基础教育阶段的 STEM 教育。2022 年 1 月 21 日,美国国务院和国土安全部公布了一项新政策,放宽

了 STEM 专业人才拿美国绿卡的要求,同时新增 22 个 STEM 专业;2019
年,美国发布新一轮五年计划《制定成功路线:美国 STEM 教育战略》(又称
北极星计划)①,涉及联邦政府多个部门。又如,2019 年,德国联邦政府教育
和研究部启动了"MINT 行动计划"②(Mathematik,Informatik,Naturwis-
senschaft,Technik),计划投资 5500 万欧元,加强德国的数学、计算机科
学、自然科学和技术教育,为更多年轻人提供获得 MINT 教育的机会。再
如,芬兰教育部实施数学和科学教育 LUMA 项目,2013 年建立国家 LU-
MA 中心,负责协调和支持数学和科学教育合作网络建设。此外,法国、爱
尔兰、荷兰和西班牙已经采用了与 STEM 相近的科学政策来推动相关领域
教育的发展,东亚和东南亚国家包括日本、中国、韩国等,通常都有制定国家
科技政策和计划的传统。

　　本书对高等工程教育体系的理论建构进行了学理性剖析,并通过国内
典型案例比较研究,分析提出工程教育体系的建构路径。面向未来,不仅需
要进一步加强对高等工程教育体系演化发展规律的认识,更加需要从工程
教育生态视角考虑高等工程教育发展问题,如何在基础教育阶段提高学生
工程兴趣和夯实基础知识、工程教育与职业教育的一体化发展、工学/工程
博士培养质量、工程教育的产学研融合发展问题等。本书撰写过程中得到
了浙江大学公共管理学院博士生沈锦璐、曲辰、王雨洁、邓勇新、王良等调研
资料支持,在此表示衷心感谢。限于作者水平,书中难免有不当或错误之
处,敬请广大学人不吝指正。

　　本书是教育部哲学社会科学研究重大委托项目"中国工程教育战略改
革与路径研究"(22JZDW002)、中国工程院战略研究与咨询项目"产学研深
度融合的卓越工程师培养体系"(2022-XZ-01)的部分研究成果,得到了两个
课题的资助支持。

---

① Committee on STEM Education of the National Science & Technology Council. Charting a
Course for Success:America's Strategy for STEM Education[EB/OL].(2019-05-1)[2022-12-16].
https://www.energy.gov/downloads/charting-course-success-americas-strategy-stem-education

② Bundesministerium für Bilodung und Forschung(BMBF).Mit MINT in die Zukunft[EB/
OL].Bundesministerium für Bildung und Forschung.(2019-02-13)[2022-12-16].https://www.
bmbf.de/SharedDocs/Publikationen/de/bmbf/pdf/1/31481_Mit_MINT_in_die_zukunft.pdf?_
blob=publicationFile&=8.

目　　录

第一章　高等工程教育体系的
理论建构与范式演化

第一节　大学的组织系统

一、组织系统理论

一般系统理论创始人贝塔朗菲将系统（System）定义为相互联系的元素的集合，其中包含了一些子概念，包括边界、要素、结构、层次和环境，共同构成了一个系统。[①] 一般系统理论起始以有机体为研究对象，发展衍生到社会科学，进而结合到组织理论。第二次世界大战之后，组织系统理论开始兴起，该理论认为组织是一个开放性的整体，组织内部有若干相应的子系统，且与外部环境进行相互作用，是一个"开放系统"。该理论的代表人物是霍曼斯、卡斯特、罗森茨韦格等，他们的主要观点是：第一，组织是开放系统，无论是生物系统还是社会系统都必须具有持续的投入、转换和产出循环，组织从社会环境这一大系统中输入资源，经过生产过程的转换，再将产品或服务输出到社会环境中去，从而达到动态的平衡；第二，组织系统本身由许多子系统组成，包括目标和价值子系统、技术子系统、社会心理子系统、结构子系统和管理子系统。[②]

[①] 侯光明,等.组织系统科学概论[M].北京:科学出版社,2006,98-99.

[②] 侯光明,等.组织系统科学概论[M].北京:科学出版社,2006,48-49.

系统管理理论基于普通的系统论,其主要思想是:第一,系统是由相互联系的要素构成的;第二,系统具有整体性;第三,系统还有层次性。系统管理理论是在一般系统论与组织系统的理论基础上发展而来的,在 20 世纪60 年代得到了广泛认可和应用,曾被称为 20 世纪最重要的管理理论之一。1963 年,卡斯特与理查德・约翰逊(Richard A. Johnson)、詹姆斯・罗森茨韦格(James E. Rosenzweig)共同写了《系统理论与管理》一书,比较全面地阐述了系统管理的观点。1970 年,卡斯特和罗森茨韦格又合作出版了《组织与管理——系统方法与权变方法》一书,由此建立了系统管理理论的基本框架。

卡斯特所提出的系统管理理论,有关组织及其管理的系统观是其基本概念框架。[①] 他认为组织是作为社会大系统的一个子系统,必须在整个环境超系统的制约下达到组织目标。组织的内部系统可以由几个主要的子系统构成(如图 1-1 所示),其中包括目标与价值子系统、技术子系统、社会心理子系统、结构子系统和管理子系统。目标与价值子系统,一方面组织从社会文化环境中取得许多价值观,另一方面也对社会的价值观产生影响;技术子系统,指完成组织工作任务所需的知识,以及过程中所使用的技术、工具、方法和设施;社会心理子系统,包括个人的行为与动机、地位与作用关系、群体动力以及影响网络;结构子系统,是技术系统与社会心理系统交织而成的一个系统,与组织任务分工的方式、方法以及对组织活动的协调有关;管理子系统,其对协调统一其他子系统的活动是必不可少的,在确立组织目标、计划工作、设计组织和任务控制中起到重要作用,有效地将组织与外部环境相联系。

大学组织理论和大学管理理论起源于组织理论。美国华盛顿大学教授卡斯特认为,组织是一个系统,由相互依存的众多要素所组成的局部最优不等于整体最优,管理人员的工作就是确保组织中各部分能得到相互协调和有机整合,以实现组织的整体目标。组织是一个开放的系统,也即与周围环境产生相互影响、相互作用的系统。系统是由相互联系、相互依赖、相互制约、相互作用的事物和过程组织成的具有整体功能和综合行为的统一体,具有集合性、相关性、目的性、环境适应性和整体性(李冀,1989)。一般认为,

---

① 卡斯特,罗森茨韦克.组织与管理——系统方法与权变方法[M].傅严,等译.北京:中国社会科学出版社,2000 年.

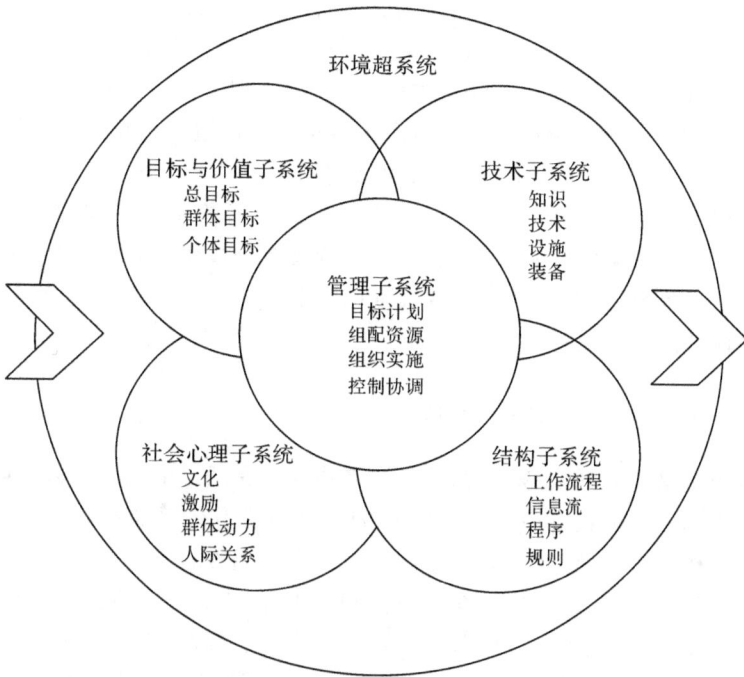

图 1-1　系统管理理论的组织模式示意

资料来源:根据资料整理所得.

以一定的系统为研究对象,通过对特定系统的研究而形成的理论就是系统论,其中通过对系统的科学研究而形成的理论就是系统科学;系统论的理论和技术在实际中的运用就是系统工程(赵文华,2001)。系统论在教育实践中运用,称为教育系统论(顾洁,2009)。教育系统论含义有二:其一是将教育作为一个复杂的开放系统来进行考察;其二是用系统科学的一些基本观点和方法来审视教育(颜泽贤,1991)。

　　大学组织的早期学派代表是曾任教于耶鲁大学高教研究中心的伯顿·克拉克(Burton R. Clark),借鉴组织理论研究了现代大学的组织模型、组织结构与组织文化。美国学者维克(Weick,1976)提出了松散结合系统(Loosely Coupled System),也有学者称之为"有组织的无序状态"。像大学组织这样的松散结合的系统,布什(Bush,1995)将其特征总结概括为如下几个方面:第一,组织目标不明确。教师拥有一定的自主权,使得他们能够自由地确定工作目标,但未必充分体现组织目标。第二,组织管理的手段和程序不清楚,或者说每个大学组织都有其自身特点,需要根据实际情况"量身定做"。第三,组织中的不同机构间存在联系,但是相互之间的影响比较小。第四,组织结构不确定,大学组织边界相比其他组织更具有模糊性。规模越大、复杂程度越高的组织,其组织结构则越复杂。第五,组织决策较难实施。组织碰到的新问题较多,权力结构复杂,往往在应对新问题的过程中不能顾及原有决策的实施。第六,权力结构具有分权优势,大学组织的中心在学科或者院系,因为大学组织的高度的专业化分工,削弱了大学组织作为一个整体的内在一致性。

二、教育系统结构与特征

教育是培养人的实践活动,受教育者作为教育活动的对象出现,接受教育者的影响。王沛民等(2015)从"教"的角度将教育体系总结为三大要素,分别是受教育者、教育者和教育影响。受教育者是教育活动的对象,教育者是教育活动的主体,教育影响是教育活动的中介,三者在教育活动中所发生的规律性联系,构成了教育的基本关系。教育者、受教育者和教育影响三者之间的关系是按预先设定的目标所发生的,其最终目的是使受教育者发生基于目标指向的变化,真正的教育必然是这三个基本要素的多重关系的统一(如图 1-2 所示)。

把教育视为一个系统,为教育的优化提供了重要的思维方式和手段(顾洁,2009;张有录,2009)。教育系统是一个相互交织的有机整体。一方面,作为社会大系统中的一个子系统,它与政治、经济、科技、文化等其他子系统的有机联系表现出一定的社会特点,尤其是教育结构必须与社会大系统相互协调,适应社会经济发展的需要(杨国赐,1987);另一方面,教育系统又是相对独立的整体,具有相对稳定的基本构成部分,具有一定的层次性和相对性,在演化过程中始终表现着开放性和动态性(颜泽贤,1991)。

运用系统论方法研究并改造教育教学活动,要形成"大教育观",其特点是坚持教育应当时间长、空间广、效率高、质量好、内容多,强调实行智能教育、未来教育、博才教育等,使其向整体化、综合化方向发展(查有梁,1993)。有研究将教育系统归纳成一个多因素、多层次、多形式、多向量、多功能的四维结构体系,分别是:时间维(具有历史的、现在的、未来的多种教育时限)、空间维(具有多种教育形式和分布状态)、知识维(具有多种学科门类和各类

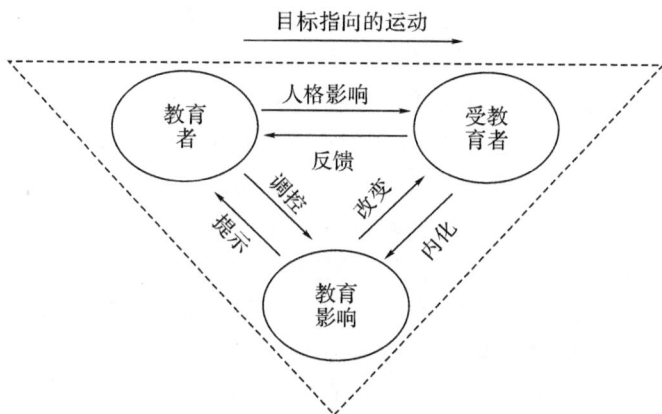

图 1-2　教育系统的内在结构

资料来源：王沛民,顾建民,刘伟民.工程教育基础[M].北京:高等教育出版社,2015:149.

职业技术教育)、方向维(具有多种目标和功能)(侯凤岐,刘敬发,1987)。还有研究强调教育系统处于一个动态的发展过程中,因此,要素之间、功能与结构之间、状态与目标之间需保持动态的平衡,以相互适应、彼此匹配(张有录,2009)。根据《教育大辞典》的释义,作为一种有控制的信息传递过程,教育系统包含人员、财物、信息、机构四个要素,具体可分为教育目的、教育内容、教育方法、教育活动、教育媒体、教育设施、教育环境、学生、教师、教学管理人员等。这些要素相互独立、相互联系、相互作用而构成有机整体(李冀,1989)。

所谓结构,就是组成系统的诸要素相互联系、相互作用的形式和方式(侯凤岐,刘敬发,1987);颜泽贤(1991)在理论探讨中,将教育系统结构划分为表层结构和深层结构。前者主要指体制、层次、科类、形式、区域等宏观结构的不同层次;后者包括目标、教学、管理以及对它有影响的教育思想等部分及其要素,主要从微观上反映教育结构的特点。而其中,教学过程本身又是一个由以教师为中心的教授过程与以学生为中心的学习过程两方面有机结合起来的、有目的有计划地依一定时序特征动态发展的一个多维社会组织系统(颜泽贤,1991)。此外,赵文华从剖析高等教育系统的特征入手,将高等教育系统特征归纳为学术组织、专业组织和行政组织,并对高等教育要素做了认定和分析,从而呈现该系统的结构与功能(赵文华,2001)。

系统工程,是将系统思想用于组织管理工作的一种现代的科学、技术或方法(李冀,1989)。将系统工程的思想应用于教育最早是由我国著名科学家茅以升正式提出。他认为"系统工程是一种对所有系统都具有普遍意义的科学方法",而"教育系统工程是系统工程的一个分支,不是某些人泛泛讲的什么'培养人才的工程'…是实现对全国十亿人民的培养、选拔和使用,从出生到老死全负责,这是前所未有的大规模的组织管理工作",同时也是"一门组织管理一所学校、一座高等院校、一个国家教育体系的技术"(钱学森,1982)。后继者对教育系统工程的不同理解丰富了其内涵与外延,如张家全(1990)强调"为有效达到教育目标,把系统的可能构成因素进行最佳组合";查有梁(1993)的界定涵盖了"教育事业的发展规划、教育机构的组织管理、教学过程的控制评价"等不同层次的范畴;于淑云和李诚忠(1995)则泛化了概念,认为"凡是用系统思想和系统工程方法论来处理教育系统中的重大问题,都可以看作教育系统工程的范畴"。

系统科学三原理对教育系统工程提供了原则性指导,具体而言:反馈原理在教学实践中强调信息传递必须具有双向性;有序原理鼓励以生动直观的教育信息与方法启发学生积极思维;整体原理重视从教学整体进行系统分析,综合考虑课堂教学过程中各个要素,包括教学目标的确定、优化的教授方法、优化的媒体选择、组合和资源利用,并注意各要素间的配合(顾洁,2009;查有梁,1993)。典型的一般系统工程的方法论有霍尔三维结构,即由时间维、逻辑维和知识维组成立体空间结构,强调弄清需求、明确目标,然后根据目标寻求最优化策略(徐智德,2000)。教育系统工程的方法论之与相似,只在具体内容上有所区别(于淑云,李诚忠,1995;李金松,1989)。以控制论为基础,教育系统工程建模应遵循四个步骤:确定系统的性质;把系统的性质量化到模型的性质;定量地确定模型各种量之间的关系从而获得新信息;最后重新解释原系统(毛祖桓,1988)。

侯光明(2006)将高等教育组织归结为四大系统特征,分别是使命牵引、多元化、松散性和矩阵式。使命牵引,是高等教育组织的根本特征。高等教育组织的产生与发展,本质上是为了满足社会大系统中各利益主体对高等教育提出的价值期待与综合需求,从而使得高等教育组织的结构、功能等不断发展变化。多元化特征,首先体现的是高等教育组织的目标多样性,其次体现的是高等教育组织结构的多样性。松散性特征,源于伯顿·克拉克的理论见解,学术系统本身的复杂性使得外界难以对学术实施控制,高等教育组织的松散性特征更决定了其管理必须强调学术自由(Clark,1986)。矩阵式特征,主要指学科与行政两大组织结构同时并存,构成了一个庞大的矩阵结构。

第二节　什么是高等工程教育体系

一、工程教育体系的相关研究

很多国家把工程教育作为国家的未来(Profession & Finniston,1980),把工程教育视为国家未来技术和经济发展的基础(NRC,1985),把工程人才视为发挥国家潜力的保证(NSB,2003),以及国家竞争力和国家创新能力的核心,所以国内外研究工程教育的文献颇多,近几年有成为研究热点的趋势,但是工程教育的概念尚无权威定义(Cranch,1986)。基于系统视角认为,工程教育是受环境包围的和处于运动状态的工程系统和教育系统的交集系统(王沛民等,2015)。从社会属性分析认为,工程教育是作为一种社会现象和一项活动而存在的,它不只是一个客观事实,同时也是一个主观概念。李晓强(2008)从目标角度认为,工程教育是以工程科学为主要学科基础、以培养工程人才为目标的活动,强调实学、集成和创新原则。

本书参考 Cranch(1986)的定义,认为工程教育是受复杂工程环境包围的、处于运动状态的工程系统和教育系统的交集的复杂系统,有自身培养工程师的目标,有自身的要素和结构,有内部的功能和关系。工程教育本身是一个复杂系统,又是高等教育体系的有机组成部分,并与政治、经济、科技、文化和社会等有着不可分割的联系,所以工程教育体系需要具有适应性。

从教育的基本要素之间的关系以及大学组织的主要特征分析,高等工程教育作为一个组织系统,其管理存在非常大的复杂性和明显的多样性。结合高等工程教育体系的结构与功能,分析提炼组织系统的功能子系统,进而研究高等工程教育体系的管理机制,应该是分析解决高等工程教育质量提升的一个有价值的理论问题。剖析工程教育体系对于完善工程教育研究领域的理论体系和指导高等工程教育实践等两个方面都具有重要的意义。近年来通过持续跟踪国内外高等工程教育案例,结合大 E 工程教育、整体工程教育等模式研究,对该问题进行了探析。

工程教育的研究大多立足于宏观教育体系层面：应用控制论思想，建立工程教育的宏观控制模型，并由此讨论工程教育的培养目标和评估体系（查建中，2009）；构建高等工程教育双闭环控制系统，以便分别根据社会需求和阶段性教育目标的比较差距进行整体或局部动态调控（常晓玲，1996）；应用生态系统理论，审视我国高等工程教育问题等（周凌宇，李静蓉，2013）。将其总结为研究工程教育的系统方式，并指出，对于工程教育，无论是研究它或营造它，亦无论是讨论它的运行或它的控制，系统方式都是不可或缺的（王沛民等，2015）。具体分析见表1-1。

表 1-1　工程教育的研究视角

研究视角	具体内容
过程观	把工程教育视为一系列状态构成的整体：反映时间的有序性，表现在对工程教育历史经验的批判继承和对未来发展的预测规划。
环境观	把工程教育视为更大系统的一个部分：认识到工程教育并非存在于真空，工科院校也不是"象牙塔"，即系统（外）—环境（内）的二位一体。
层级观	把工程教育视为一系列层次构成的整体：当规划、设计、运筹或控制工程教育改革活动时，要求从上而下的思路，力求从全局出发宏观把握问题，了解各层面的关系再逐层解决问题。
功能观	把工程教育视为具有某种功能的组织，该组织由相互联系的功能点组成：借助系统结构的输入/输出变换，要辨识三个概念：输入接口处的变换称为功能或目标、结构内部的变换称为效能、输出接口处的变换称为性能或结果。
结构观	把工程教育视为具有某种构造的结构，该结构是由相互联系的元素组成的：在最简单的工程教学系统中，工程学生、工程教师、工程经验和知识三种元素通过不同的组合方式决定了教与学的主次关系。

（一）整体工程教育

在20世纪90年代以前，就开始出现若干工程教育课程改革的新方向。例如：（1）强调工程的实质、抓住工程实践根本的"三明治（sandwich）课程"；（2）强调设计的价值、以设计教育作为工程教育主线或核心的"设计式课程"；（3）强调现代工程的综合和跨学科形态的"跨学科课程"（王沛民等，1994：329-352）。这些反映工科课程设置的新理念和实践，也集中体现在由美国科学基金会(NSF)资助的"工程教育联合体计划"(Engineering Education Coalition)的丰硕成果中。如图 1.3(a)所示,典型的工程本科 4 年制学士学位计划是由相对彼此独立的一系列课程构成的。在工程教育科学化的大背景下,它在中国即所谓工科"三层楼式"课程设置:(1)主要集中在一、二年级的"公共课",包括数理化和人文社科(HSS)类的基础课;(2)主要集中在二、三年级的"专业基础课";(3)主要集中在三、四年级的"专业课与毕业设计"。联合体计划的一个重要贡献是,许多参加试点的院校虽然侧重各自的改革主题,但是都在力图把原来分散割裂的课程打通,在集成(integrated)和统一(unified)的理念下尝试"整体的工程教育"(holistic engineering education),并且通过课程计划成分的不同配置,实现学士类型的多样化(见图 1-3)。

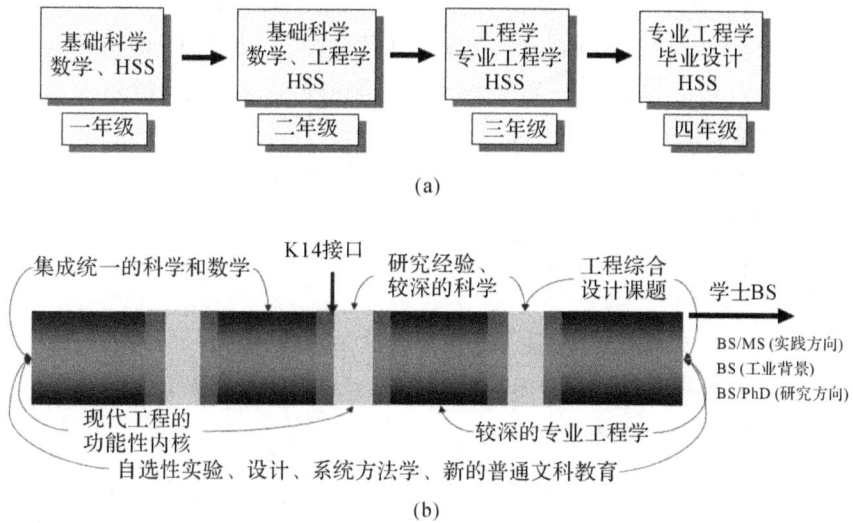

(a)

(b)

图 1-3 工程教育本科课程模式的改革变迁

资料来源:孙旭东等(2006).

2010 年,Grasso, D. 和 Martinelli, D. 编著的《整体工程教育:超越技术》(*Holistic Engineering Education:Beyond Technology*)由 Springer 出版社隆重推出。这部著作汇集了来自全球的关于整体工程教育改革的 19 篇重要文献:

- 超越技术:整体的优势(Grasso & Burkins)
- 整体的工程(Grasso & Martinelli)
- 变革世界中的工程(Duderstadt)
- K-12 工程:缺失的核心学科(Miaoulis)
- 文科与工程(Koshland)
- 自由教育怎么了?(Christ)
- 整体工程和教育改革(Grasso & Helble)
- 超越系统工程:面向 21 世纪的教育方式(Guthrie)
- 整体时代的工程师教育:拉丁美洲的视角(Gallegos)
- 培养创新型工程人才(潘云鹤)
- 工程师的国际化教育和整体性思考(Berkey)
- 工程价值定位:职业需求和个人需求(Wnek & Williamson)
- 工程教育转型所迷失的基础和其他的哲学反思(Goldberg)
- 揭开整体工程的神秘面纱(Grasso, Burkins, Helble & Martinelli)
- 系统工程实践与技术领导力(Austin, Wheaton, Tang & Goodman)
- 整体的系统集成(Grasso, Metzger, Byrne, Huffman, Kreger & Francesca)
- 明天的工程师:整体思维的系统工程师(Wise)
- 协同创新与服务系统(Donofrio, Sanchez & Spohrer)
- 技术和政策(Morgan)

在这本重要的著作中,许多杰出的作者就应对挑战而采用的教育范式展开了不同角度的思考。尽管他们的观察视角各有不同,但全书的主题却是十分明确:21 世纪的工程领导者需要具备一个更加广阔的视野,接受一种整体的、系统导向型的教育,而这在当前必须大力呼吁、提倡与探索实践。Charles Vest 教授在为该书的序言中写道:"《整体工程教育:超越技术》指出了工程教育和实践转型的路径。这条完整的、灵活的和系统导向的路径,将有效应对 21 世纪规模、复杂性和跨学科程度不断升级的大挑战。"

Bordogna(1996)曾经更加清楚地描绘了"整体的工科课程设置"(holistic engineering curriculum)(见图 1-4)。在此整体模式中,科学、数学、人文学科和社会科学的课程是需要"整形"的,这是由工程教育的培养目标决定了的。工程教育需要这些学科内容作为自己的功能性成分,但并不是要把未来工程师造就成这些学科领域的学者或专家。因此,除非是万不得已,对这些领域的现成课程不加取舍地拿来就用,通常缺少充分的理由。传统模式恰恰是对这些现成课程推崇备至,并且作为"公共基础"反复巩固、加强再三,以致学生兴味索然、教师迷失方向。为整体模式中特设的而传统模式所没有的一种成分,即新生入学伊始就予安排的所谓"现代工程的功能性内核"(functional core of engineering)。它由一系列主题与活动构成,旨在让学生在第一时间就接触工程,使其懂得工程究竟做什么、怎么做,以激发其面对开放性问题寻求创造性解法的动机和兴趣。《整体工程教育:超越技术》中的大多数文章,实际上都是在讨论这个新型模式问题;其中Goldberg的论文还专门探讨了工程教育转型所迷失的基础和其他的哲学反思,挑明了科学模式或分析模式的负面要害。

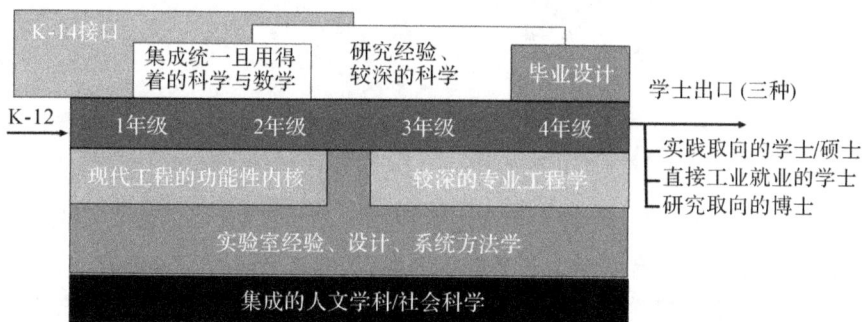

图 1-4　整体工程教育的本科模式

资料来源:Bordogna,1996.

当然,上述工程本科系统还只是整个工程教育体系的一个子系统。在该子系统的入口外有一个 K-12 系统,即从幼儿园(kindergarten)教育开始的中小学普通教育,它在今天的中国正在加强"国学"素质教育,它在今天的欧美正在加强所谓 STEM 教育。在本科子系统的出口处,对学士学位的设计是多样化的,一种是能够去公司企业直接就业,一种是继续攻读实践取向的工程硕士,一种是继续攻读研究取向的哲学(科学)博士或工程博士。在第一种场合,本科子系统连接着工程继续教育系统;在后两种场合,本科子系统连接着工科研究生教育系统,然后再接续工程继续教育系统。总之,一个造就新一代工程师的创新的工程教育体系,必须通过集成方式来实现,其中要由工科院校提供三个层次的特色计划,即:(1)整体性的本科课程计划(Holistic Undergraduate Curriculum);(2)面向实践的硕士水平课程计划(Practice-oriented Master's Level Curriculum);(3)聚焦发现的集成博士课程计划(Integrative Discovery-Focused Doctoral Curriculum)(Bordogna,1995)。这样一种整体的、系统的概念,可以完整清晰地由图1-5来表达。

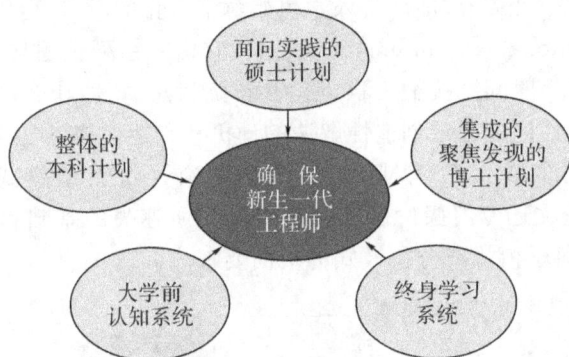

图 1-5 整体工程教育体系

资料来源:Bordogna,1997.

工程固有的实践性、综合性和创造性这三大基本特性,要求今天的工程教育必须在系统整合基点上去实践与创新,选择适合自己的方法方式,以多样化的模式适应多样化的需要,在多元化的文化环境中发展各具特色的工程教育模式。

(二)"一体三维"的整体工程教育

整体工程教育模式,是以"集成性、实践性与创造性为一体"为核心逻辑进行的理念与范式构建,其目的是培养具有整体性思维的系统工程师。回归到"集成性、实践性与创造性为一体"工程本真逻辑,进而对工程教育的全过程进行创新架构,形成"一体三维"的整体工程教育的范式建构,具体包括培养规格、过程与支持三个维度。规格维度解决的是"培养什么样及哪种类型的工程人才",过程维度解决的是"怎么整体性地培养",支持维度解决的是"整体性培养的其他支持条件"(见图1-6)。

规格维度旨在回答人才的特征与类型。整体工程教育认为要培养知识体与能力体高度融合的系统工程师,同时要实现多元化的培养,不同类型、

"一体三维"整体工程教育

规格维度

分层分类地培养系统工程师
1.知识体与能力体高度融合
2.系统工程师的类型

集成性
实践性
创造性

过程维度

以真实工程世界体验为主线
1.教学方式：以DBL为主线
2.课程设置：S-E-P集成的课群
3.学业评价：以设计为主考核目标

支持维度

构建整体工程教育生态系统
1.探索构建工科学校联盟
2.积极吸纳产业参与

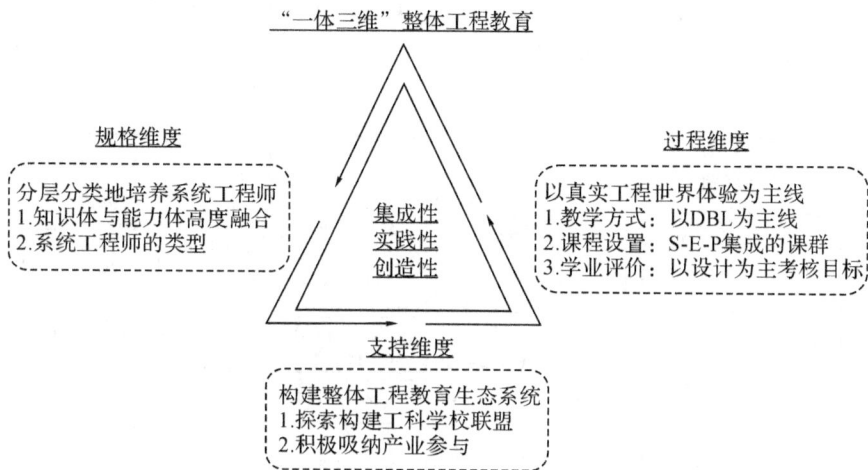

图 1-6　"一体三维"整体工程教育理念

资料来源：中国工程院咨询研究项目，"基于整体观和大 E 工程理念的综合工程教育模式创新探索"，2014 年.

层次的学校要对工程人才培养的目标进行针对性的规划。过程维度旨在控制和提升工程教育的质量。为培养整体性工程师，整体工程教育试图充分把握整体工程教育的实践性与创造性理念，以突出真实工程世界体验为主线，整合课程设置，突破教学方式与学业评价的传统模式，对工程人才培养的过程维度进行系统重构。培养支持维度旨在解决如何更好地形成工程教育合力。支撑整体工程教育的模式建构，要在学校与学校之间、学校与产业之间形成充分的互动，取长补短，互利共赢，进而形成整体工程教育的完整生态系统。

"一体三维"整体工程教育的研究成果在"支持维度"提出了工程教育生态系统的概念，但是没有进一步展开论述如何构建这样一个支持高等工程教育发展的系统，也没有从高等工程教育组织的内在系统进行分析，为今后的深化研究埋下了伏笔。

（三）工程教育生态系统

2015 年，浙江大学中国科教战略研究院承担的中国工程院"我国工程科技人才成长若干重大问题综合研究"课题报告中首次比较完整地提出了工程教育生态系统理论框架。该课题报告从战略定位及目标、培养对象、培养主体、培养方式、评价体系五个方面分析了高等工程教育所面临的重大问题,在工程教育生态系统的理论框架下,比较好地回应了这些问题(见图 1-7)。

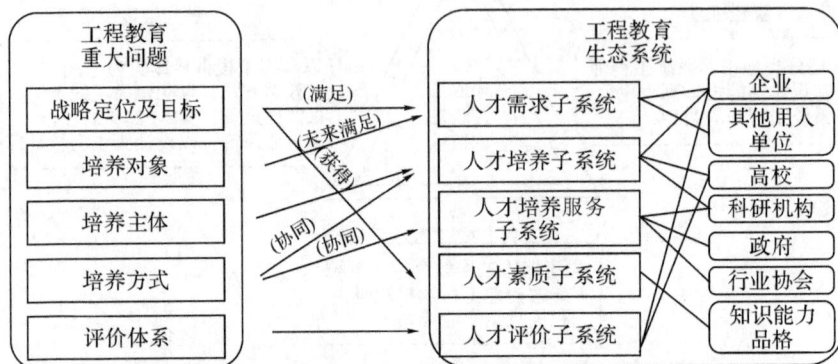

图 1-7　以工程教育生态系统理论框架回应工程教育重大问题

资料来源:中国工程院咨询研究项目,"我国工程科技人才成长若干重大问题综合研究报告",2015 年.

具体来讲,该系统由五个部分组成:一是由企业及其他用人单位构成的多样化的人才需求子系统;二是由高等院校、科研机构和企业等构成的多主体协同的人才培养子系统;三是由政府、行业协会和科研机构等构成多主体协同的人才培养服务子系统;四是由工程科技人才三种知识、五种能力、三种品格①构成的多维度的人才素质子系统;五是由企业、高校等为评价主体的多维度评价子系统。

二、工程教育体系的结构与特征

高等工程教育的组织系统作为大学组织的一个代表性分支,既具有大学组织的一般特征,又对外部环境的变化非常敏感,尤其是与产业组织系统的互动作用非常紧密,高等工程教育体系可以说是产学结合为基础的大系

---

① 三种知识指专业基础知识、跨学科和前沿知识、经管等社科知识。五种能力指创新能力、综合设计和工程实践能力、学习能力、领导和沟通能力及国际化能力。三种品格指爱国品格、职业道德和健康心理。

统。① 在大学组织的基本要素与概念分析基础上,结合系统管理理论的思想,本书提出了高等工程教育体系理论框架。

（一）目标与价值系统

大学组织在创办之初,定位于博雅教育,殖民时期更关注于培养牧师。从大学组织讲,主要的目标是传授知识、创造知识、服务社会。工程教育的目标是培养工程科技人才,培养目标概言之是四类人才:工程科学家、工程师、高级技术人员和工程创业人才。工程教育始终受"学术化"和"实用化"两种倾向的夹击,在设计工程教育目标的时候,要关注到不同社会对工科人才的需求不同、各地的教育体制不同等问题。因此,对工程教育目标的基本问题应该理清楚,首先是社会需要哪些工科人才,其次是学校的人才培养目标定位,最后是如何供给这类人才。

（二）基础系统

高等教育系统的基础系统,指人才培养所需的知识、技术、方法和工具等。基本任务及其相关技术决定了一个组织的大部分性质,同时也会影响组织的结构。工程教育的基础系统,核心是课程体系,除此之外还包括教学场地、实验室、教学方法。随着信息技术的发展,工程教育的基础系统也在发生不断变化,公开课、慕课等新的教学形式不断涌现,促进了知识传播和教学质量的提升。

（三）社会心理系统

不同的成员在大学的社会心理系统中都发挥着作用,这些成员有着不同的目标和动机,其中最重要的特点是大学组织中的多数成员都具有相当的自主性。因此,高等工程教育体系实际上存在着一个极其错综复杂的社会心理系统,一个松散的联结在一起的系统。不同的大学,其社会心理系统存在差异性,不同的学科之间也存在较大的差异性。这种差异源于各个大学、各个学科中的基本差别,每个大学或学科都建立了某种既定的价值系统、"思维方式"或"研究方法"。

（四）结构系统

组织的结构系统涉及职权职责模式、等级关系、矩阵排列等诸多基本问题。大学作为松散联结的组织,随着规模化、个性化和专业化程度的不断加

---

① 官产学研合作与工程教育体系建设——主题座谈会系列之一[J].高等工程教育研究,2008(4):1-12。

深,组织的协调控制变得越来越困难。高等工程教育体系的结构子系统,绝对不同于官僚集权型的权力等级,组织权力的一个主要来源是知识的占有者(教师),主要的实施单位是学科或者专业。因此,在大学组织的院校两级治理结构中,同样类似于高等工程教育体系,而且应更加强调学科和专业的自主性。

(五)管理系统

学科作为高等工程教育的基本组织单位,其在工科人才培养活动的管理过程中发挥着非常重要的作用,是教学计划、培养方案、教学管理等管理活动的具体执行者,起着协调与沟通学校资源与政策的中枢作用。随着学生个性化发展需求和主体意识的增强,学生本身也在影响着教学管理活动,影响着教学管理的政策制定。

(六)外部环境系统

从组织系统和系统管理理论的视角出发,组织是一个"开放系统",与外部环境发生着交互作用。作为大学系统的分支,高等工程教育体系受外部环境的影响更为敏感,与外部环境的交互更加明显。一个组织的外部环境,主要包括了社会环境、产业环境、政策环境、生态环境四种类型,高等工程教育体系的演化发展影响着外部环境因素,外部环境的变化和发展同样也会作用于高等工程教育体系。

高等工程教育体系的内部结构由目标与价值子系统、基础子系统、结构子系统、社会心理子系统、管理子系统五个子系统组成(见图 1-8)。

分析来看,高等工程教育体系的主要特征包括整体性、开放性、动态性、能动性和文化属性。

整体性。整体性是指系统之间不是简单的相加,而是有机的整体。高等工程教育体系的子系统之间、外部环境系统相互作用,构成一个大系统。

开放性。大学组织是一个开放的系统,高等工程教育作为一个大系统,也是不可能孤立存在的,并且每个子系统也具有开放性,与外部系统和环境发生着作用和影响。高等工程教育体系要能够生存和发展,就必须适应外部环境的需求和变化,同时也会积极促进外部环境的发展。

动态性。从自组织理论的视角,系统自身具有在变化过程中表现出自适应和进化的能力,因此高等工程教育体系不是一个静止的系统,而是会根据外部环境变化和自身发展需要作出改变的系统。

能动性。组织是由个体组成的,组织系统也反映了人类活动的基本特

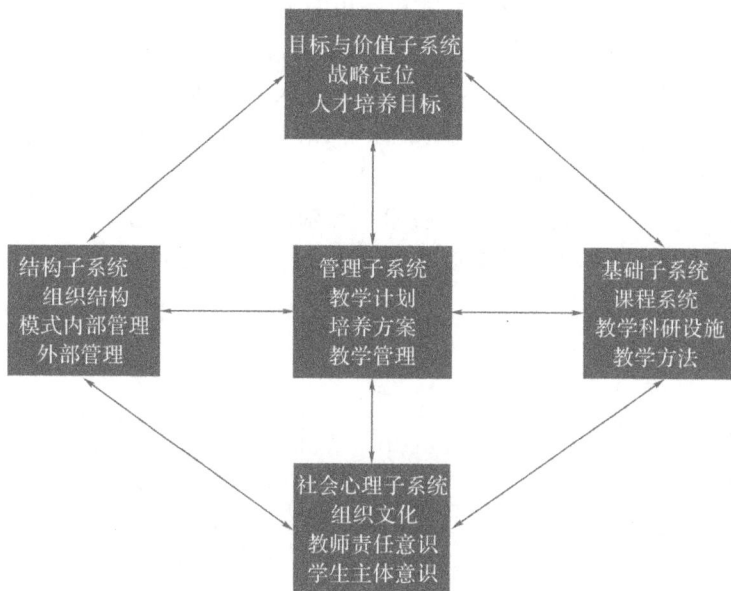

图 1-8　高等工程教育体系的理论模型

征,包括计划性、智能性和创造性。例如,学科发展规划反映了高等工程教育体系的主观能动性。

文化属性。组织系统文化是指组织成员共同接受的价值观、行为准则、团队意识、思维习惯、工作方式、心理预期等群体意识的总称。高等工程教育体系受到大学组织、学科属性不同的影响,其本身就有异常复杂的社会心理子系统,因而高等工程教育体系具有较为明显的独特、稳定的文化属性。

第三节　高等工程教育体系的范式演化

范式是教育体系各个主体的行为习惯的总和,反映了教育主张、发展战略以及人才培养的价值观。自公元 859 年摩洛哥卡鲁因大学成立以来,大学一直是理性的灯塔,照亮人类文明的进程。其间大致经历了两次范式变迁,洪堡为大学注入"科学研究"使命,可视为第一次学术革命;威斯康星为大学烙印了"社会服务"标识,可视为第二次学术革命。工程教育,以 1747

年巴黎路桥学校的建立为开端,前后经历不足 300 年,大致上也经历了两次范式变迁,以美国的工程教育最为显著,分为"技术主导时期"、"科学主导时期"以及"回归工程时期",最早由 Crawley 等人于 20 世纪 90 年代初总结,同时在 *Rethinking Engineering Education—The CDIO Approach* 一书中有集中描述(Crawley et al., 2007)。

事实上,我们可以科学性与技术性为轴,对工程教育进行描绘,分别是技术范式时期、科学范式时期以及工程范式时期(见图 1-9)。

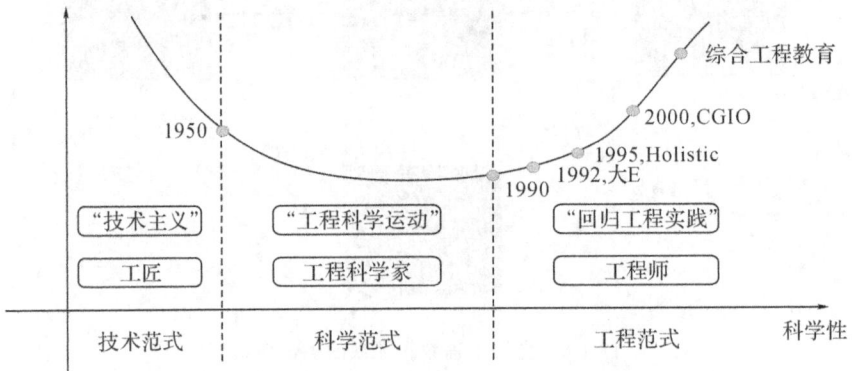

图 1-9　工程教育的范式演化迭代

一、技术范式

技术范式下的工程即艺术、技艺、技巧、技能、技术的应用(邹晓东等,2010)。1862 年的莫雷尔法案和"赠地学院"促使工程教育开始从车间向教室转移,包括大量的现场和实验的课程,很少强调科学理论或数学分析(Barbieri & Fitzgibbon,2008)。大抵是受了当时实用主义文化兴起的影响,美国工程教育以技术范式起航,重视实训,以学徒制、操作手册为特色,强调 hands-on 经验的习得,可以说是以培养工匠为旨趣。1949 年,MIT 发表了《刘易斯报告》,提出了实事求是的专业人员概念以及强调工程教育实践,也集中体现了这一时期的技术色彩。

技术范式的形成是为了适应农业经济时代和工业经济时代初期的简单生产需要。由于当时工程实践的主要技术是手工艺技术,所以以师徒制为基础的言传身教式技术传承方式成为工程技术教育初期的主要传播模式。

但是随着工业经济时代的飞速发展,工程师所面临的工程实际越来越复杂,院校式工程教育模式开始萌芽和涌现。日益复杂的工程实践问题推进了工程学科体系和课程体系的持续丰富,并催生了"本科＋硕士＋博士"不同阶段的工程教育层次结构。

二、科学范式

科学范式下的工程是科学的分支,是科学原理的应用。在 1950 年左右,美国工程教育发生范式转变,以自然科学与工程科学在工科课程设置中长驱直入为标志,实践和设计课程被大量挤占或删除,这是以技术和实践占主导的传统工程教育被以科学和理论占主导的新兴工程教育取而代之的一场革命,或者说范式变迁(王沛民,2013)。数学和理论方面的课程代替了加工、测量和制图等实践性课程(Seely,1999)。美国工程教育学会工程教育评估委员会在 1955 年颁布的《格林特报告》(*Grinter Report*)中指出,"科学指引下的工程课程设置"可以追上科学与技术飞速发展的步伐。这一时期的工程教育强调工程科学,侧重对现象的原理性解读与分析,以培养工程科学家为旨趣。

科学范式源于对第二次世界大战后工程师作用的反思:一方面,由于当时的工程师偏重于实践,普遍缺乏科学方面的严格训练,难以将科学原理应用于先进技术的开发;另一方面,随着科技革命的深远影响和亚当·斯密劳动分工理论应用带来的效率的提高,特别是二战期间雷达技术和原子弹的使用所显示出的科学技术对社会经济发展的巨大影响力,都在要求工程教育范式发生变革以适应环境的复杂变化。以《格林特报告》为标志,"美国工程师培养开始紧跟科学和技术发展的步伐",并确立了工科课程划分的若干基本方针,创立了工科的学科体系,"工程教育一头扎进科学的怀抱",工程师的培养模式与科学家的培养模式越来越相似。

三、"回归工程"的工程范式

事实上在 1980 年之后,美国工程教育界出台了若干重要报告,开始对过于科学化的工程教育进行了全面反思。比如 1980 年 NSF 发表的《尼尔报告》(*Neal Report*)指出,本科工程毕业生对现有工具与科学知识了如指掌,却没有弥补他们工程实践经验匮乏的机会(NSB,1986)。MIT 针对美国工业面临的危机和挑战，于 1989 年发表《美国制造：夺回生产的优势》(*Made in America：Regaining the Productive Edge*)，提出工程领域要加强制造工程教育和工商管理教育，以重振美国生产力的雄风，试图抑制工程教育科学化倾向(Dertouzos et al.，1989)。Moses 等(1993)分别提出了大E 工程与整体观，为工程范式提升了理念高度。2000 年之后，以项目生产全过程贯穿为特色的 CDIO 更是将工程范式下的模式实践推向高峰，而我们今天所研究的整体工程教育事实上也处于这一范式下。

"回归工程"是否等于"技术范式"复辟？"回归工程"究竟要回归到工程的哪里？有学者认为要回归到工程的本体、本源或本性，即综合、整体或集成(王沛民，2013)。Reynolds & Seely (1993)认为这是工程教育的钟摆现象。这个问题实际上就是要回答"工程"与"技术""科学"的关系，以及与其他非科学技术的关系。2010 年联合国教科文组织(UNESCO)发布了首个关于工程的报告《工程发展：问题、挑战与机遇》(*Engineering：Issues, Challenges and Opportunities for Development*)，对此有较为明确的论述，认为科学构成了工程的理论基础，而技术则对工程提供了工具性支持(Wall，2010)。

所以工程范式不是简单地回归到技术范式时期。尽管两者都强调实践，但是工程范式的面向实践是建立在一定的工程科学基础上，属于科学与技术集成范式，是一种螺旋式递进。这种集成范式中的实践任务需要包括项目组织和沟通，突出学生作为专业咨询人员的作用、创新设计能力及其经验要求以及科学如何在社会中应用的伦理问题(李曼丽，2010)。同时，在科学与技术集成的基础上，还强调与更大的环境、政治、文化、经济等因素的集成，即 Moses(1994)在大 E 工程理念开篇作中集中阐释的"背景敏感工程"(context-sensitive engineering)。

第二章　国内高等工程教育体系演化分析

第一节　工程教育体系范式一：
工程教育技术范式（1949—1984）

一、技术范式的第一阶段（1949—1978）

（一）产业发展特征：优先发展重工业

马叙伦在 1953 年关于高等教育发展方针的报告中指出，"培养干部必须力求与国家建设的需要相适应；首先要保证重工业、国防工业及与此密切相关的地质、建筑等方面的技术干部的供应。这就要以办好高等工业院校及大学理科为重点"①。这段话反映了新中国成立初期乃至共和国前 30 年高等教育发展的基本逻辑，而这个逻辑又是共和国成立之初，实行重工倾斜的赶超型现代化战略对高等教育发展的必然要求。

从 1953 年中央提出过渡时期总路线开始到 1978 年党的十一届三中全会以前的 20 多年间，我国一直实行的是单纯依靠政府指令性计划实现资源配置的产业政策，市场对资源的配置作用几乎没有得到发挥。

计划经济时期的产业政策经历了三个发展阶段："一五"时期的"优先发展重工业"政策；"大跃进"时期的以钢为纲政策和国民经济调整时期的"发

---

① 胡建华. 现代中国大学制度的原点：50 年代初期的大学改革[M]. 南京：南京师范大学出版社，2001：70.

展农业、加强工业薄弱环节"政策;"文革"期间的"优先发展国防工业,继续‘以钢为纲'"政策。在这一产业政策的指导下,我国的产业结构特征表现为工农业比例严重失调,生产结构单一。重工业和国防工业优先发展,成为计划经济时期的主导产业。在工业产业结构内部,1957年"一五"计划完成后,我国的重工业产值逐渐上升,重工业在工业总产值中的比重由1953年的37.3%上升到1966年的66.6%[①],成为我国重工业发展的历史最高值。

如表2-1所示,在我国全民所有制工业企业中,工程技术人才在数量上虽逐年增加,但工程技术人才占整体工业劳动者比重最高时也仅仅只有4.1%,工程技术人才比重过低。与此同时,如表2-2所示,1952—1978年,我国工业创造的产值逐年增加至总产值的一半,但专业技术人员却连总体的工业从业人员数的10%都不到。总体上说,我国工业产业的产值构成与工程技术人才数量存在严重的结构性失衡,专业技术人员构成偏低,反映出我国工业的粗放式发展,产业的技术构成水平较低,工业从业人员整体素质有待于进一步提高。

表 2-1　1952—1978 年我国全民所有制工业从业人员状况

年份	工业劳动者年末人数/万人	工人人数/万人	工程技术人才人数/万人	工程人才占比/%
1952	510	365.9	5.8	1.1
1957	748	535.2	16.7	2.2
1965	1238	885.2	50.8	4.1
1978	3041	2186.1	85.1	2.8

资料来源:中国工业经济统计年鉴 1949—1984.

表 2-2　1952—1978 年我国工业产业规模和专业技术人才情况

年份	产值构成/%	专业技术人员构成/%	人才产值比
1952	34.4	1.1	0.03
1957	43.8	2.2	0.05
1965	52.0	4.1	0.08
1978	59.4	2.8	0.05

资料来源:中国工业经济统计年鉴 1949—1984.

---

① 数据来源于《中国工业经济统计年鉴 1949—1984》和《中国工业经济统计年鉴 1986》。

（二）人才培养目标：培养"专才型"工程师

1949 年以前全国 80％以上的人口是文盲。1949 年初全国共有高校 205 所,在校生 11.7 万人,其中工科院校仅有 28 所,占 13.7％,工科学生共计 30320 人,占学生总数 26.2％;而文科类(包括政法、师范、财经、外语、艺术)共 59 所,共计 53323 人。[①] 规模严重不足和结构不合理的局面并存,无法适应新形势发展的需要,更无法提供赶超型战略所需要的工程技术人才。周恩来在第一次全国高等教育会议上就指出:"现在我们国家的经济正处在恢复阶段,需要人'急',需要才'专',这是事实。"[②]

工程教育技术模式的一个显著特征在于以培养"专才型"工程师为主要目标,侧重工程技术知识的应用,工程教育的课程设置与实践操作联系更为密切。技术模式下的工程实践主要是一种对自然加以改造的大规模的"造物"行为,这种具有"造物"性质的工程实践活动与科学发现之间存在着相互影响、相互制约的互动关系。一方面,科学发现为工程实践提供扎实的理论基础;另一方面,工程实践也为科学发现创造出新的理论研究命题。[③]

在我国工业化初期,重工业得到优先发展,产业结构单一。国家根据工业化发展的需要,提出了各类高校要培养"通晓基本理论并能够熟练运用于实际操作的专门人才",培养工程师成为最重要的教育任务。20 世纪五六十年代,我国工程教育以培养工程师为目标,重点发展本科教育,专科和研究生教育断断续续、发展缓慢。

（三）学科建设特征：健全工科专业类型

技术模式下的工程教育细化了各类专业,根据工业生产的实际需要设置专业课程,侧重学生应用能力的培养,重视学生实践操作能力的养成,确保学生毕业后能够较好地适应工业生产的需要。通过院系调整,我国的工科院校基本形成了以机械、土木、化工等专业为主的类型基本齐全的工程教育体系。

在参考了苏联高等工业院校所设置的专业目录后,我国的高等工业院

[①]　中国教育年鉴编辑部. 中国教育年鉴(1949—1981)[M]. 北京:中国大百科全书出版社,1984:965.

[②]　周恩来. 在全国高等教育会议上的讲话(1950 年 6 月 8 日)[M]//周恩来教育文选. 北京:教育科学出版社,1984:9.

[③]　迟卫华,等. 我国工业产业结构变迁与工程教育模式演变及发展趋势[J]. 重庆高教研究,2015,3(5):104-108.

校按地质、动力、矿业、冶金、电机和电气仪器、机械、化工、轻工、军工、运输和通信等 15 大类别进行了专业设置,所设置的专业达上百种。1954 年,我国的工科本科专业为 137 种。此后,部分院校又增设了原子能、计算机和自动化等新技术专业。1957 年,工科专业的设置数发展到了 183 种[①],此时的全国工科院校数量也由原来的 28 所增加至 44 所。通过"院系调整",一批专业特色明显的工科院校得以形成并逐渐发展,并在学制上将原来的本科四年修改为本科五年,个别院校的特殊专业的学制增至 6 年。在"以培养工程师为主"的教育目标的引导下,更多能够从事工业专业生产的专门的工程技术人才得以培养出来。

此外,为了适应"一五"计划时期大规模的工业生产和重工业发展的需要,"一五"时期规定,在查明各业务部门的第二个五年计划干部需要的情况后,在年度计划中适当地调整高等学校的院系,调整本科和专修科、高级和中级在校生的比例,并适当地设置各种门类的专业。在专业设置和发展中,一般地应该以机器制造、土木建筑、地质勘探、矿藏开采、动力、冶金等为重点。[②] 且我国的高等工科院校又兴办了"专修科",学制为两年,教育目标则是为工业生产的实际需要培养"较高级的工程技术员"。由此,我国的工程教育技术模式形成并成为工程教育的主流模式。[③]

(四)工程教育体系发展:技术范式 1.0

(1)专业设置

改革高校内部组织结构,设立专业,被前教育部副部长曾昭抡称为"我国教育史上一件划时代的大事,高等教育的一种空前的大改革,值得所有教育工作者以及识用人才与培养人才的机关加以密切注意"。在阐述专业设置改革目的时,他说:"各校普遍设置了专业,将旧的'通才教育'逐步转变成为新的专业教育"[④],"使各校皆有明确的任务,集中力量培养某几行国家建设需要的专才,同时使各地区内各校专业的设置得到适当的配合,如此可以减少人力物力的浪费,并使全国培养出来的高级专门人才,数量增多,质量

---

① 《中国教育年鉴》编辑部.中国教育年鉴(1949—1981)[M].北京:中国大百科全书出版社,1984.

② 李富春.中华人民共和国发展国民经济的第一个五年计划:1953—1957[M].北京:人民出版社,1955:121.

③ 杨亮.基于教育系统工程理论的高等教育学科结构优化研究[D].天津:天津大学,2011.

④ 曾昭抡.在前进中的高等学校教学改革[J].人民教育,1954(10).

提高"①。

建立专业设置制度，首先是对原有英美大学模式中学校内部组织结构的"破"，以专业设置为中心的改革，又是对苏联大学模式教学制度的"立"。新中国成立前英美模式影响的中国大学内部组织框架是：校（大学）—院—系—组，是一套垂直的行政系统。一般而言，各院系不设专业，实行"通才教育"，在一、二、三年级进行基础理论教学，四年级进行专门知识的学习。改变院系科结构，设置专业之后，内部组织框架为：校（大学或学院）—系—教研组（教研室）—专业—专门化，"校内教学方面的行政组织，简化为校、系两级，系主任直接受校长、教务长领导。'专业'及'专门化'，根本不是行政上的层次"。

（2）课程设置

课程改革涉及课程体系、结构、内容等方面。1950 年 7 月，政务院通过《关于实施高等学校课程改革的决定》。决定明确指出：为适应新中国建设的需要，"高等学校的课程，必须根据《共同纲领》第四十条的规定，实行有计划有步骤的改革，达到理论与实际的一致。一方面克服'为学术而学术'的空洞的教条主义的偏向，力求与国家建设的实际相结合"。在教学内容上，破立结合，"废除政治上的反动课程，开设新民主主义的政治课程"；以学系为培养人才的教学单位，"各系课程应密切配合国家经济、政治、国防和文化建设当前与长期的需要，在系统的理论知识的基础上，实行适当的专门化"；为加强教学与实际结合，"高等学校应与政府各业务部门及其所属企业和机关建立密切的联系。高等学校的教师应与上述部门的工作、生产和科学研究作适当配合；应该有计划地组织学生的实习和参观，并将这种实习和参观作为教学的重要内容"。②

《专修科课程草案》规定了包括机械工程、电机工程、化学工程、土木工程、地质、农业等 54 个专修科。③ 专修科是新中国成立之初工程教育体系中一个特殊类型（见表 2-3）。设置专修科是新中国成立之初为短平快培养专门人才的举措，其课程设计通常是削减和压缩本科课程，增加实用课程及训练。在设置专修科的院校中，工科院校占大多数，设置专修科的数量最

①　曾昭抡.高等学校的"专业"设置问题[J].人民教育，1952(9).

②　关于实施高等学校课程改革的决定[J].人民教育，1950(5).

③　张宗麟.预祝高等学校课程改革的成功[J].人民教育，1950(5).

多。1955 年之后,随着形势变化,高等教育部提出在工科院校中逐步停办专修科。

表 2-3　1952 年设置专修科院校的统计

	综合大学	工科院校	农科院校	林科院校	医科院校	师范院校	财经院校	政法院校	艺术院校	合计
学校数	22	32	22	3	26	19	4	1	9	138
设置专修科学校数	18	28	8	3	25	19	1	0	1	103
占比	81.8%	87.5%	36.4%	100%	96.2%	100%	25%	0%	11.1%	74.6%

资料来源:胡建华.现代中国大学制度的原点:50 年代初期的大学改革[M].南京:南京师范大学出版社,2001:65.

　　后经过院系调整,工科院校形成以单科性工学院为主的模式。这种模式的教学计划由基础课、技术基础课和专业课三个部分组成,要求学生参加生产实习、课题设计和毕业设计。在课程设置上以学生未来所要从事的职业所需要的知识和能力为中心,学生在校期间能够受到专业的工程训练,能够基本达到专业技术人员的水准。技术模式下的工程教育细化了各类专业,根据工业生产的实际需要设置专业课程和实践教学环节,侧重学生应用能力的培养,重视学生实践操作能力的养成,确保学生毕业后能够较好地适应工业生产的需要。

　　(3)保障机制

　　实施专业设置制度,培养专业化人才,为确保人才培养的质量和规格,高等教育部着手制定全国统一的教学计划、教材和教科书。1952 年 10 月,高等教育部就试行全国统一教学计划下发通知:“为了配合祖国大规模经济建设与文化建设的到来,有计划地培养各种建设人才,彻底改革旧教育,制定全国高等学校各专业统一教学计划,就成为高等教育改革的中心环节之一。”[1]“一五”计划实施之后,工业化是国家经济建设的重要战略目标,“根据新中国目前经济建设以重工业为重点的方针,高等教育以培养工矿交通人才为重点”[2]。因此,统一教学计划的改革首先就从工科院校开始。

---

[1]　郝维谦,等.高等教育史[M].海口:海南出版社,2000:100.
[2]　马叙伦.五年来新中国的高等教育[J].人民教育,1954(10).

（4）实践教学

在教学制度改革中,对教学过程及教学方法按照苏联模式进行了改革。由原来的讲授、实验、实习、考试等教学过程,增加成为讲课、课堂学习、习题课、实验课、辅导、答疑、质疑、实习、学年论文、毕业论文、课程设计、毕业设计等多种环节。考试考查环节采用口试和四级分制(优秀、良好、及格、不及格)评定成绩。

在教学过程中特别强调实践性教学环节,建立高校学生到生产建设单位实地实习的体制。按照规定,工科学生在校学习期间,要参加认知实习、生产实习、毕业实习等三四次实习。这项制度的建立,对于中国工程教育的发展产生了深远的影响。

二、技术范式的第二阶段（1978—1984）

（一）产业发展特征:轻工业快速兴起

1978 年党的十一届三中全会掀开了我国经济体制改革的历史新篇章,直到 1992 年党的十四大提出建立社会主义市场经济体制的 10 多年里,我国开始改变原有的计划经济体制,着手建立社会主义市场经济新体制。

这一时期的工业产业政策进行了重新调整,政府减少了对重工业的投入,鼓励发展轻工业,平衡轻重工业比例,以劳动密集型产业为主,以新型耐用消费品行业为主导产业,继续以重化工业作为我国工业发展的支撑力。通过调整,轻工业得到恢复和发展,在产值和比重上稳步提高。"四五"期间(1971—1975),轻工业总产值的年均增长速度为 7.7%,而"六五"期间(1981—1985)的轻工业总产值年均增长速度则上升为 12.0%,与同时期重工业总产值 9.6%的年均增速相比高出了 2.4 个百分点。除此之外,在基本建设投资方面,轻、重工业也都出现了新变化。"五五"期间(1976—1980),轻工业基建投资年均增长速度高达 17.1%,远高于重工业 1.6%的年均增长速度。[①] 由此可以发现,该时期的工业产业结构带有明显的"轻型化"特征。

（二）人才培养目标:形成分学历层次的培养目标

自 1981 年实施《中华人民共和国学位条例》起,我国正式建立了学士、

---

① 国家统计局工业统计司.中国工业经济统计年鉴:1949—1984[M].北京:中国统计出版社:100-122.

硕士和博士三个层次的学位制度,工程教育也对应形成了专科生、本科生和硕士生和博士生四层次的培养体系。1983 年,教育部组织召开"高等工程教育层次、规格和学制的研究"专题研究会,肯定了高等工程教育四层次培养人才的合理性,同时指出研究生培养目标是工程师,其中研究生层次的人才培养不仅要适应我国建设需要,而且要有国际适应性,本科层次的工程教育要使学生获得工程师的基本训练,专科层次的人才培养目标则是培养高级工程技术应用人才,本科学习年限为 4 年和 5 年,以 4 年为主,专科学习年限为 2 年和 3 年并存。[①] 1984 年 4 月,教育部下发《关于高等工程教育层次、规格和学习年限调整改革问题的几点意见》,确定了高等工程教育的层次、规格和学习年限的具体原则,将我国工科教育分为专科、本科、硕士和博士四个层次,明确了各层次人才的基本规格、学习年限和基本训练要求。[②] 至此,我国工程教育四层次的基本结构得以形成。

(三)学科建设特征:拓宽专业口径

新中国成立初期院系调整后的专业设置在这一时期开始暴露出比例失调、划分过细、口径过窄、名目和布局不尽合理等问题,工科专业设置亟待调整。[③] 1982 年开始调整专业目录,1983 年提出在遵循现代化建设需要和人才培养规律的前提下拓宽专业口径。[④] 1984 年 7 月,教育部、国家计委公布了《高等学校工科本科专业目录》,将工科专业从 664 种调整为 255 种,减少了 409 种,使专业名称和专业内涵得到整理和规范。

高等教育结构调整逐步展开,重点是加速发展政法、财经、管理和文科,工科内部的专业调整随之展开,其一是增设短线专业和新兴边缘学科和专业。教育部于 1977 年 10 月召开重点高等学校应用科学和新技术学科规划会议,研究制定机械学、电子学、计算机科学和材料科学等 14 门应用科学和新技术学科的科学规划草案。计算机科学与技术、电子与信息科学、材料科学与工程、生物工程与技术等新兴专业和学科进入工程教育院校。其二是加速轻工业专业的发展,维持和稳定(甚至减速)传统重工业专业和服务于

---

① 李文铸.在专题研究会闭幕会上的总结发言[J].高等工程教育研究,1983(2):110-114.

② 何东昌.中华人民共和国重要教育文献(1976—1990)[M].海口:海南出版社,1998:2170-2171,1177-1187.

③ 马寿喜,等.高等工程教育中专业划分与调整原则的探讨[J].高等工程教育研究,1983(S1):59-70.

④ 马毓义.对这次会议的初步总结[J].高等工程教育研究,1983(S1):11-14.

军工的专业的发展步伐。1983 年与 1976 年相比,在工科专业中地质专业 1976 年时占 5.29%,1983 年不升反降至 4.49%;冶金专业由占 4.54%下降到 3.93%;无线电技术和电子学由 12.15%上升到 18.75%;轻工业则由 2.41%上升到 3.58%。[①]

（四）工程教育体系发展:技术范式 2.0

（1）课程设置

改革开放前的工程教育全部采用苏联模式,尤其在 20 世纪 50 年代几乎照搬了苏联高等工程教育的课程设置与教学体制。改革开放以后,按照美式三级学位的制度设计,工程教育像其他门类的文理与专业教育一样又渐渐回复到美国模式。

（2）教学改革

1977 年 8 月、9 月,教育部相继组织召开了高等学校理科和工科基础课程教材座谈会,专题研究理工科恢复教学秩序的具体事项,包括组织统一编写理工科恢复教学秩序的具体事项,包括组织统一编写理工科基础课的教材,确立理工科大学的培养目标,设置专业,制订教学计划,加强基础理论教学等。1978 年 9 月,教育部印发《关于高等学校理工科教学工作若干问题的意见》,组织各学科教材编审委员会,一年时间出版理、工、农、医类教材 548 种。自 20 世纪 80 年代以来,教育部采取各种措施推进高等教育教学改革,工程教育改革始终是其中最为活跃、成果也最为显著的部分。

第二节　工程教育体系范式二:
工程教育科学范式(1985—2007)

一、产业发展特征:技术密集型产业繁荣发展

在 20 世纪 90 年代社会主义市场经济体制确立后,我国产业政策的主要目的就是缓解基础设施短缺压力以及推动产业结构优化升级,促进高新技术产业发展,以高新技术推动传统产业变革,支持企业技术创新。随着全

---

① 中国教育成就·统计资料[M].北京:人民教育出版社,1984:66-67.

方位对外开放格局的打开,我国依靠劳动密集型产业取胜的优势不再,技术密集型产品成为出口的"新宠"。这一阶段的重化工业发展迅速,工业产业结构内部轻、重工业结构也发生变化。轻工业比重由 1996 年的 46.3% 下降到 2003 年的 35.5%,重工业比重在 2003 年则高达 64.5%,轻、重工业结构又一次严重失衡,经济增长带有重化工业为主导的显著特征,包括能源、电力在内的基础设施产业和机械电子类产业以及以信息技术为代表的高新技术产业成为推动国民经济发展的主导产业。在高新技术产业中,计算机、通信设备及其他电子设备制造业的工业总产值占全国比重由 1999 年的 8.02% 上升到 2002 年的 10.19%,并远高于采掘业、加工制造业等其他行业。以信息技术为代表的高新技术产业兴起使得工业生产需要更高层次的工程类科研人员,加之各产业部门之间以及产业内部各要素之间的联系日益紧密,具有广博知识的"宽口径"工程人才培养越来越受到重视。因此,高新技术产业发展推动了我国工程教育由技术范式向科学范式过渡。①

二、人才培养目标:培养"宽口径"工程人才

1984 年 4 月,教育部下发《关于高等工程教育层次、规格和学习年限调整改革问题的几点意见》,标志着我国开启了科学范式的工程教育体系改革,确定了高等工程教育的层次、规格和学习年限的具体原则,将我国工科教育分为专科、本科、硕士和博士四个层次,明确了各层次人才的基本规格、学习年限和基本训练要求。② 意见提到,专科教育的培养目标是德智体全面发展,具有社会主义觉悟的高级工程技术应用人才;工科本科生的培养目标是德、智、体全面发展,具有社会主义觉悟的高级工程科学技术人才,具体包括三种类型,高级工程技术人才、高级技术科学人才和高级管理工程人才;而对于硕、博生的目标在该文件中则没有具体提到。③

以信息技术为代表的高新技术产业兴起使得工业生产需要更高层次的工程类科研人员,加之各产业部门之间以及产业内部各要素之间的联系日

---

① 迟卫华.我国工程教育模式演进及其与产业发展的关系研究[D].大连:大连理工大学,2015.

② 何东昌.中华人民共和国重要教育文献(1976—1990)[M].海口:海南出版社,1998:2170-2171,1177-1187.

③ 中华人民共和国教育部:关于高等工程教育层次、规格和学习年限调整改革问题的几点意见[J].高教战线,1984(6):43-44.

益紧密,具有广博知识的"宽口径"工程人才培养越来越受到重视。因此,高新技术产业发展带动了我国工程教育由技术模式向科学模式过渡。

1985年至2007年期间,我国各层次学生总体数量与工科学生数量如表2-4所示,这一时期各层次工科学生招生数均成倍数增长。2007年工科专业专科、本科和研究生的招生数分别是1985年的9.49倍、1.96倍和3.8倍。具体来看,1985年的工程教育以本科生为主,其次是专科生,研究生数量在工科学生中占比最小。该时期工程教育以本科为主,但工科研究生占全部研究生接近一半的比例,构成了研究生教育的主力军。而到了2007年,工程教育虽然仍以本科生为主,但研究生教育发展迅猛,规模已超过专科教育。

表2-4　1985、2007年我国各层次学生总体数量与工科学生数量

年度	专科学生总数	工科专科学生数	工科学生占比/%	本科学生总数	工科本科学生数	工科学生占比/%	研究生总数	工科研究生总数	工科学生占比/%
1985	580472	125846	21.68	1122643	454322	40.47	87331	38412	43.98
2007	2838223	1194782	42.09	2820971	890510	31.57	418612	146318	34.95

三、学科建设特征:减少工科专业

专业设置方面,自20世纪80年代初开始,工科院校逐步探索学科专业的改革,一批多科性工业大学逐步增设理工、文科和管理学科,开始改革学科结构,同时加强科学研究工作,积极发展研究生教育。在这个过程中,高等院校通过合并重组,迅速提高了综合实力,学科建设成效显著,依托强势理工学科发展了一大批新兴学科、交叉学科。

具体来看,1993年7月国家教委发布了《普通高等学校本科专业目录(1993年)》,将原有的671种本科专业压缩到504种,其中工学门类下设类22个,工科专业为181种,重点解决了专业归并和总体优化的问题。[①] 这22个工科专业类分别是地矿、材料、机械、仪器仪表、热能核能、电工、电子与信息、土建、水利、测绘、环境、化工与制药、轻工粮食食品、农业工程、林业工程、纺织、交通运输、航空航天、兵器、公安技术、工程力学、管理工程等。

---

① 何东昌.中华人民共和国教育史:下卷[M].海口:海南出版社,2007:687.

1998 年 7 月教育部发布了《普通高等学校本科专业目录(1998 年)》,进一步将工学门类专业类由 22 个减至 21 个、工科专业从 181 种减少到 70 种,改变了过去过分强调"专业对口"的教育观念和模式。这 21 个工科二级类分别是地矿、材料、机械、仪器仪表、能源动力、电气信息、土建、水利、测绘、环境与安全、化工与制药、交通运输、海洋工程、轻工纺织食品、航空航天、武器、工程力学、生物工程、农业工程、林业工程、公安技术等。

1997 年 4 月,国务院学位委员会第十五次会议审议通过了《工程硕士专业学位设置方案》,决定设置工程硕士专业学位;同年 11 月,国务院学位委员会办公室下发《关于批准部分高校开展工程硕士培养工作的通知》,首批 54 所高校率先开始培养工程硕士。从规模上看,1999 年首批工程硕士专业学位授予 44 人,次年便增加至 379 人,到 2006 年已经有 2 万余人获得工程硕士专业学位。从全国各专业硕士学位构成来看,工程硕士从无到有,逐渐成为专业硕士学位研究生培养的主力军。工程硕士学位的设置为完善我国工科学位类型,培养应用型、复合型高层次工程技术和工程管理人才作出了贡献。①

四、工程教育体系发展:科学范式

(一)管理体制改革

在管理体制上,对于工程教育影响重大的举措是逐步改革 20 世纪 50 年代形成的行业办学体制。1985 年,《决定》提出改革高等教育领导管理体制,1993 年出台的《中国教育改革和发展纲要》和 1994 年召开的全国教育工作会议,标志着高等教育体制改革的逐步深化,高等学校条块分割、"小而全"的状况开始改变。采取"共建、调整、合作、合并"等措施,将原部委属院校下放地方,将 50 年代形成的由行业业务主管部门举办并直接管理的工业单科院校合并成综合大学。1992 年至 2002 年 10 年间,共有 708 所高校合并组建为 302 所。工科院校占全部高校的比率下降,综合性院校数量迅速增长。1983 年工业院校 215 所,占高校总数的 27%;综合大学 36 所,仅占 4%;到 2000 年时理工院校 239 所,占高校总数比率下降到 23%,而综合性

① 林健,郑丽娜.从大国迈向强国:改革开放 40 年中国工程教育[J].清华大学教育研究,2018,39(2):1-17.

大学则上升到8%。[①]

（二）教学改革

该阶段教育部采取各种措施推进高等教育教学改革，工程教育改革始终是其中最活跃、成果也最显著的部分。1994年，原国家教委启动"高等教育面向21世纪教学内容和课程体系改革计划"。到1996年9月为止，原国家教委先后批准在文、理、工、农林、医药、经济和法学等六大学科范围内，设立211个项目（含985个子项），其中理科27项，工科41项，共300多所高校万余名教师参加了研究和改革实践。2000年1月，教育部发出《关于实施"新世纪高等教育教学改革工程"的通知》，当年，教育部批准了该工程第一批"本科教育教学改革立项项目"670项。2007年，教育部、财政部实施"高等学校本科教学质量与教学改革工程"，其中包括建立"工程教育改革集成项目参与学校人才培养模式创新实验区"80个。

（三）产学研联合体

20世纪80年代，我国高教界、科技界借鉴美国理工大学的模式，提出在重点理工大学中建立工程研究中心的建议，主要目的是加速推进科技成果转化，促进国民经济的发展和改革教育，培养适合国民经济发展需要的新型人才。1991年国家计委决定实施国家工程研究中心建设计划，同年7月，国家教委科技司与国家计委科技司商定浙江大学自动控制工程研究中心先行试点，启动建设。随后，国家计委、科委陆续出台政策并组织建设国家级的工程中心。至1993年，已经在20余所高校创立了24个工程研究中心。1994年7月，国务院在关于《中国教育改革和发展纲要》的实施意见中提出，到20世纪末建成100个左右国家级的基础研究基地和工程技术研究中心。此后，随着相关政策的陆续出台，工程研究中心建设发展迅速。截至2007年，依托高校建设的国家工程研究中心共有45个，高校建立工程技术研究中心有37个。据2008年的统计，全国36%的国家工程研究中心建在高等院校。[②] 这些工程（技术）中心的建立，加快了高新技术研究的开发和转化，提升了工程科技人才培养的质量，国家工程研究中心也成为国家创新

---

① 王孙禹,刘继青.从历史走向未来:新中国工程教育60年[J].高等工程教育研究,2010
(4):30-42.

② 应望江.中国高等教育改革与发展30年(1978—2008)[M].上海:上海财经大学出版社,
2008:334.

体系的重要组成部分。截至 2009 年,依托大学和科研院所建立的国家重点实验室共 212 个,试点国家实验室 6 个,固定人员 1.4 万人,仪器设备总值 130 多亿元,其中依托高校建设的国家重点实验室 140 个,占总数的 64%。国家重点实验室已成为国家开展高水平基础研究和前沿技术研究的重要基地,成为培养优秀科技专家、开展学术交流的重要载体。

在与产业界的协同育人方面,各有关高校纷纷参照国外工程教育,特别是美国、德国的经验,积极对接产业,校企双方共同承担人才培养任务。在教师队伍建设方面,逐步建立"双师型"教师队伍,并聘请企业高级工程技术人员担任实践指导教师。在实习基地建设方面,基于大工程观念,创办了一批具有国际水平的实习基地。

第三节　工程教育体系范式三：工程教育工程范式(2008—2015)

一、产业发展特征：优先发展战略性新兴产业

一直以来,我国的经济增长都是粗放型的增长方式,只是单纯地依靠数量上的增长,传统产业的技术含量偏低,而知识密集型和技术密集型产业发展速度缓慢,比重较小,因而产业结构矛盾重重。进入 21 世纪,随着全球化进程的不断加深,我国在加入 WTO 后与世界联系更为紧密的同时,也被全球化的浪潮卷入了异常激烈的科技竞争中。

因此,加速经济结构的不断调整,推动产业结构的优化与升级就成为新世纪我国产业政策的核心内容。面对新的国际竞争和挑战,为了提高国家的科技竞争力和综合国力,我国提出了新型工业化发展战略。2021 年 3 月 11 日,在十三届全国人大四次会议上表决通过了《中华人民共和国国民经济和社会发展第十四个五年规划和 2035 年远景目标纲要》(以下简称《纲要》),其中用一章的篇幅明确提出要"构筑产业体系新支柱"和"前瞻谋划未来产业"。纲要明确了优先培育和发展的战略性新兴产业,对我国未来的产业发展方向进行了规划,对产业结构的优化与升级具有重要的推动作用。

在科技竞争和学科交叉融合趋势的驱动下,以新一代信息技术产业、高端装备制造产业等为代表的战略性新兴产业的发展渴望更多知识面广、创

新力强、技术娴熟的工程人才,因而带动了我国工程科学家培养战略的重新调整,工程人才的创新创造能力和工程实践能力的培养得到越来越多的重视,工程教育由科学化开始转入工程化的正常轨道。通过院校合并,一些专门的工科院校合并重组为学科门类齐全的综合性大学,对工程人才的培养不仅注重专业基础知识的学习,同时也注重人文精神的养成和跨学科交叉学习能力的培养。

二、人才培养目标:培养兼具"KAQ"人才

随着产业变革的不断深化,工程内涵也日益丰富。现代工程具有更加鲜明的科学性、创新性以及复杂性等特征,因此,对工程科技人才在能力和素质上也提出了更多的新要求。2008 年 4 月,教育部高等教育司发文成立"CDIO 工程教育模式研究与实践课题组",对我国工程教育改革情况进行调研并指导有关院校开展 CDIO 工程教育模式试点工作,标志着我国工程教育体系进入工程范式变革发展阶段。除了具有能够综合应用科学基础理论与技术方法分析和解决各种复杂的工程问题的能力以外,战略性新兴产业发展背景下的工程科技人才还需要兼具卓越技术与广博知识,具备工程分析能力和工程实践能力,此外,还必须时刻关注工程与社会、生态等系统的关系,富有强烈的生态保护意识和团队协作精神。总而言之,战略性新兴产业的发展需要我国的工程科技人才在知识结构、能力素养以及职业素质等方面朝着更加多元化的方向发展。

(一)兼具卓越技术与广博知识

"大工程观"强调工程教育要以回归工程作为改革目标,同时实现学科的综合化发展。这就意味着现代工程教育应当集合诸多学科和方法于一体,并在工程实践中对科技最新成果加以消化和吸收,形成综合创新优势。随着产业的转型升级以及产业发展模式的调整,产业融合化趋势越来越明显,因而对工程人才的综合素质提出了更高的要求。因此,工程人才必须具备学科知识的交叉与融合能力,同时具备卓越的工程技术和广博的基础知识。

(二)具备工程分析能力和工程实践能力

因为信息技术、能源、材料的发展,现代工程获得了更大的发展空间,但同样也会受到经济、政治、法律等因素的制约。因此,工程科技人员必须具有较强的工程分析能力,从而发现并深入分析工程活动与经济、法律、社会

和环境等方面的相互联系。此外,由于制造业在我国经济增长的过程中始终占据主要地位,因此,在战略性新兴产业发展的背景下,工程实践能力的培养也是不容忽视的。

(三)富有团队协作精神和生态保护意识

在不断适应工业革命和产业发展要求的过程中,现代工程教育体系得以建立和完善。现代工程具有专业面广、综合性强的特点,学科门类齐全,学科知识更新换代周期短、速度快,仅仅依靠个人的知识和能力在专业领域内获得技术创新成果是很难实现的。因此,在现代工程活动中,富有团队协作精神是工程科技人才所必须具备的重要素质。此外,生态保护意识也是产业发展对工程人才在素质上提出的新要求。随着可持续发展观的树立,生态文明已然成为全新的时代发展潮流。正确处理工程活动与自然环境的关系,需要工程科技人才具备强烈的生态保护意识。

2011年3月在"卓越计划"启动不到一年之际,国务院学位委员会下发了经第二十八次会议审议通过的《工程博士专业学位设置方案》,开始设置工程博士专业学位,以适应创新型国家建设需要,完善工程技术人才培养体系。方案中提到,工程博士专业学位获得者应具有相关工程技术领域坚实宽广的理论基础和系统深入的专门知识;具备解决复杂工程技术问题、进行工程技术创新以及规划和组织实施工程技术研究开发工作的能力;在推动产业发展和工程技术进步方面做出创造性成果。随后,清华大学、北京大学等25所高校在电子与信息、先进制造、能源与环保、生物与医药4个工程领域首批开展工程博士专业培养试点工作。[①] 2018年,国务院学位委员会决定将工程专业学位类别调整为电子信息等8个专业学位类别(以下简称"工程类"专业学位)。为全面贯彻党的教育方针,落实"中国制造2025"战略规划,实施《制造业人才发展规划指南》,推动工程类博士专业学位研究生教育改革发展,进一步完善我国工程技术人才培养体系,加强工程技术领军人才培养,满足创新型国家建设对高层次应用型工程技术创新人才的需求,全国工程专业学位研究生教育指导委员会在广泛征求意见的基础上,组织专家反复研讨,制定了《工程类博士专业学位研究生培养模式改革方案》,认为当下工程博士的培养应紧密结合我国经济社会和科技发展需求,面向企业(行

① 林健,郑丽娜.从大国迈向强国:改革开放40年中国工程教育[J].清华大学教育研究,2018,39(2):1-17.

业)工程实际,坚持以立德树人为根本,培育和践行社会主义核心价值观,培养在相关工程领域掌握坚实宽广的理论基础和系统深入的专门知识,具备解决复杂工程技术问题、进行工程技术创新、组织工程技术研究开发工作等能力,具有高度社会责任感的高层次工程技术人才,为培养造就工程技术领军人才奠定基础。[①]

三、学科建设特征:重视交叉学科建设

专业设置方面,2012 年 9 月,教育部发布了《普通高等学校本科专业目录(2012 年)》,首次将工科专业从 70 种增加到 169 种、工学门类专业类由 21 个增至 31 个,以适应迅速发展的科学技术和经济社会的需要。这 31 个工科专业类分别是力学、机械、仪表、材料、能源动力、电气、电子信息、自动化、计算机、土木、水利、测绘、化工与制药、地质、矿业、纺织、轻工、交通运输、海洋工程、航空航天、兵器、核工程、农业工程、林业工程、环境科学与工程、生物医学工程、食品科学与工程、建筑、安全科学与工程、生物工程、公安技术等。专业点布局方面,2008 年全国共设有 22541 个工科专业点,到 2011 年工科专业点降至低谷,而后又逐渐回升。伴随科技进步和经济社会的快速发展,学科专业也以前所未有的速度发展,以适应社会分工日益精细、社会需求日趋多元的社会变革浪潮,大部分学科专业建设以遵循社会服务导向的逻辑,在基础学科的基础上根据社会需求发展起来许多新兴学科专业。2020 年,国家新增交叉学科作为第 14 个学科门类,国家自然科学基金委也成立交叉科学部,希望打破现有的学科壁垒,引导和鼓励科研人员关注交叉科学问题及研究,推动新兴交叉领域取得重大原创突破。

四、工程教育体系发展:工程范式

(一)开展"CDIO"试点工作

CDIO 工程教育模式是近年来国际工程教育改革的最新成果。CDIO 代表构思(Conceive)、设计(Design)、实现(Implement)和运作(Operate),它以产品研发到产品运行的生命周期为载体,让学生以主动的、实践的、课

---

① 中华人民共和国教育部. 教育部关于加强专业学位研究生案例教学和联合培养基地建设的意见[EB/OL]. (2015-05-11)[2022-12-12]. http://www.moe.gov.cn/s78/A22/A22_gggs/A22_sjhj/201805/t20180511_335693.html.

程之间有机联系的方式学习工程。CDIO 培养大纲将工程毕业生的能力分为工程基础知识、个人能力、人际团队能力和工程系统能力四个层面，大纲要求以综合的培养方式使学生在这四个层面达到预定目标。

2008 年 4 月，教育部高等教育司发文成立"CDIO 工程教育模式研究与实践课题组"，课题组的任务是研究国际工程教育改革情况和 CDIO 工程教育模式的理念及做法，对我国工程教育改革情况进行调研并指导有关院校开展 CDIO 工程教育模式试点工作。

（二）实施"卓越工程师教育培养计划"

2010 年 6 月，国家启动实施"卓越计划"。作为《国家中长期教育改革和发展规划纲要（2010—2020 年）》的重大项目，"卓越计划"旨在推动我国工程教育改革和创新，全面提高我国工程教育人才培养质量，努力建设具有世界先进水平和中国特色社会主义现代高等工程教育体系，促进我国从工程教育大国走向工程教育强国。"卓越计划"的五项重点任务是：创立高校与行业企业联合培养人才的新机制，创新工程教育的人才培养模式，建设高水平工程教育教师队伍，扩大工程教育的对外开放，制定"卓越计划"人才培养标准。

参与"卓越计划"的高校分三批入选：2010 年第一批包括清华大学在内共 61 所高校；2012 年第二批包括中国石油大学（北京）在内共 133 所高校；2013 年第三批包括新疆大学在内共 14 所高校。三批入选高校合计 208 所，覆盖了全国除西藏外的 30 个省份，其中"985"高校 28 所、"211"高校 42 所、普通本科院校 119 所、新建本科院校 19 所。参与"卓越计划"的大型或高科技企业 10415 家，参与高校与行业领先企业或大型企业共建了 980 个工程实践教育中心，其中 654 个为国家级中心。"卓越计划"试点专业中，本科专业点数为 1257 个，研究生专业点数为 514 个。截至 2014 年，全国共有超过 20.6 万名本科生，约 3.28 万名硕士生和 1800 余名博士生参与"卓越计划"。2013 年教育部和中国工程院印发《卓越工程师培养计划通用标准》，规定了"卓越计划"本科、硕士和博士各类工程型人才培养的基本要求，为制定"卓越计划"行业标准和学校标准提供了宏观指导，为卓越工程人才培养指明了方向。

2018 年 9 月 17 日，教育部、工业和信息化部、中国工程院联合发布《关于加快建设发展新工科实施卓越工程师教育培养计划 2.0 的意见》，"卓越计划 2.0"正式启动，面向工业界、面向世界、面向未来，持续深化工程教育改革;积极推动国家层面"大学生实习条例"立法进程,完善党政机关、企事业单位、社会服务机构等接收高校学生实习实训的制度保障;深入开展新工科研究与实践,建设一批多主体共建的产业学院和未来技术学院、产业急需的新兴工科专业、体现产业和技术最新发展的新课程等;构建产学合作协同育人项目三级实施体系,持续完善多主体协同育人的长效机制,打造产教融合、校企合作的良好生态。清华大学、浙江大学、天津大学、北京航空航天大学、哈尔滨工业大学、大连理工大学、东南大学、复旦大学、华北电力大学、厦门大学、上海交通大学、四川大学、西安交通大学、中北大学等300所高校启动了"卓越工程师教育培养计划2.0"。

自2010年启动以来,"卓越计划"的实施涉及工程教育的各个环节,贯穿工程技术人才培养的全过程,在学校培养标准和专业培养方案制定、课程体系和教学内容改革、研究性学习方法推行、工科教师队伍建设、工程实践教育教学体系建设、校企合作培养卓越工程师、卓越工程师培养国际化、对参与高校教育教学改革的推动示范等方面取得了显著成果,是一项促进工程教育改革和创新的系统工程,同时是保障工程教育人才培养质量、建设具有世界先进水平、中国特色社会主义现代化高等工程教育体系的重要举措,对我国高等教育的改革起到了重要的引导和推动作用。

(三)工程教育教学改革

课程是高校教育系统的主要载体,工程教育目标的实现主要是通过课程来完成的。鉴于上阶段本科工程专业课程普遍存在重理论轻实践、重知识轻能力的现象,过分强调学科理论体系及其完整性而忽视了来自工业界工程实践的需求,致使培养的学生知识面狭窄、实践动手能力弱,造成工科毕业生"知"与"行"的严重脱节,不能适应现代工程对人才培养的需求。随着工程教育改革由"科学范式"向"工程范式"的转型,其核心就是要处理好工程教育中理论与实践的关系,重构"知行合一"工程课程范式。课程改革应从"回归工程"的视角重新审视理论与实践、科学与技术的关系,不再遵循传统工程教育的理论—实践、知识—技能、基础—应用的课程设计理念,重新构建理论与实践、科学与技术相整合的工程课程范式。在内容上融合了科学内容、人文内容、工程技术内容,强调教育内容必须与工程实践紧密结合。①

---

① 邹赐岚.工程教育课程重构:时代抉择与范式转换[J].中国成人教育,2016(5):118-121.

　　针对课程的整合重组，强调突破各学科领域的界限，不受原有课程和体系结构的束缚，对课程进行实质性的有机融合和重新组织。具体而言，改变以往按人文科学、社会科学和自然科学分类或按照等级结构设置课程的做法，打破原有专业、课程之间的壁垒，摆脱学科知识系统的束缚；强调课程内容的综合性，以跨学科的方式选择课程内容、组织和整合课程体系，注意不同学科知识的相互渗透、融合和新知识的吸收利用，保证知识结构的系统性和完整性；改变过于讲究学科自身结构而导致的课程设置过细、过多和缺乏整体性的状况；避免课程内容的脱节和交叉重复，精简课程门类，减少必修课比例。凡此种种，突出知识结构的系统性和知识点布局的全面性，实现课程体系的整体优化，促进学生知识、能力、素质的全面协调发展和提高。

　　同时，高校也逐步加强与企业和其他机构的合作。以"卓越工程师"计划为例，"卓越计划"要求高校与企业共同制定和实施卓越工程师培养方案，包括共同建设课程体系和教学内容。因此，参与高校要充分发挥合作企业所具有的工程教育资源优势，包括教师资源、先进设备与技术、实验环境、研究开发条件等，与本校的人才培养优势实行优势互补，共同设计与构建卓越工程师培养的课程体系和教学内容，尤其是注重开发那些具有综合性、实践性、创新性和先进性的课程和教材，使得开发出的课程体系和教学内容具有鲜明的特色。除了与合作企业共同开发专业课程外，参与高校可以组织其他在各自领域具有权威性的社会资源，如政府部门、事业单位、非产学合作企业或其他高校有针对性地共同开发一些综合性、跨学科、涉及面广的课程。这不仅能够克服以往高校闭门造车的弊病，更重要的是能够较大程度地提高所开发课程在卓越工程师培养中的效用和水平。①

　　（四）加入《华盛顿协议》并成为正式成员

　　作为全球最大的本科工程教育专业互认的国际性组织，《华盛顿协议》在国际上最具广泛的认可度和影响力。我国于2013年6月成为《华盛顿协议》临时缔约成员并于2016年6月成为正式缔约成员，意味着我国工程教育专业认证体系与国际认证制度具有实质等效性，即通过专业认证的工程专业的毕业生学位得到《华盛顿协议》其他组织的认可，这对于提高我国工程教育整体质量，推进工程教育教学改革，提升工程教育的国家竞争力以及

---

　　① 林健.面向"卓越工程师"培养的课程体系和教学内容改革[J].高等工程教育研究,2011
(5):1-9.

工程教育走向世界具有重要的意义。

　　2015 年 10 月，中国工程教育专业认证协会成立，下设理事会和监事会，理事会是协会的执行机构，监事会负责监督理事会。协会目前有机械类、计算机类、化工与制药类、水利类、环境类、电子信息与电气工程类、安全类、交通运输类、矿业类、轻工食品类、材料类 11 个专业分委员会以及仪器类、测绘地理信息类和地质类 3 个试点工作组。

第三章 新时代高等工程教育体系发展与挑战

第一节 工程科技人才培养新趋势

一、人才培养目标

工程科技人才培养的发展状况必须与国家经济发展的水平相适应,适应经济发展的工程人才规模应该稳步扩张,主要取决于以下两个因素:一是产业结构升级和调整因素;二是经济增长因素。2022 上半年,一、二、三产业占比为 5.2%、40.6%、54.2%;①2021 年一、二、三产业占比为 22.9%、29.1%、48.0%。②

从我国的工业发展水平和工业经济的技术结构看,我国工程科技人才培养规模应该随着经济发展继续扩大,面对工程全球化、工程复杂化的现实情境,培养具有大工程观、大系统观、大集成观的复合型人才成为当前工程教育改革的重要发展目标。

---

① 2022 年二季度和上半年国内生产总值初步核算结果[N].中国信息报,2022-07-19(001). DOI:10.38309/n.cnki.nzgxx.2022.000656.

② 国家统计局.人口规模持续扩大,就业形势保持稳定——党的十八大以来经济社会发展成就系列报告之十八[R].中国:国家统计局,2022-10-10. http://www.stats.gov.cn/xxgk/jd/sjjd2020/202210/t20221010_1889061.html.

一是要具有深厚的专业知识基础:熟练掌握专业领域内工程科技知识,具有较为扎实的数学、物理和工程基础科学知识基础。二是要掌握跨学科和前沿知识:不断深化对学科前沿和相关产业技术的未来发展的了解,能对跨学科领域的知识进行融通。三是要了解经管等社科知识:要具有广博的知识范围,掌握包括经济、管理、法律和人文艺术方面的常识。

二、人才培养体系

人才培养和高校以及社会都是密不可分的,社会始终是有教育的社会,教育则永远是社会的教育。人才培养体系是一个比较系统的体系,包括高校、企业产业以及社会多个层面。随着工程教育改革不断加深,如今的人才培养体系更加完善,校企协作日益密切,社会宏观环境也开始重视工程科技人才的培养。

对于工科院校来说,人才培养体系构建是学校人才培养工作的纲领性文件,是学校组织管理和教学工作的主要依据,是人才培养的实施蓝图。人才培养方案应争取人文教育与科学教育相结合,基础教育与专业教育相结合,全面发展与个性发展相结合,一、二、三课堂相结合。在设计人才培养方案时要体现时代特征,遵循教育规律和人才成长规律,有效把握相应原则。主要包括以下几点。

第一,强调学生的全面发展。人才培养体系要科学设计和合理设置让学生在德、智、体、美各方面协调发展和综合提高的课程和教学环节,为学生创造全面发展的条件。第二,整体优化课程体系和教学内容。统筹人才培养的全过程,从人才培养目标、学科专业培养规格、课程教学大纲的内在联系上把握核心课程,要适应社会需求,凝练特色,以有限的课程来覆盖日益增长的知识面。第三,以学生为主体、以教师为主导,因材施教,尊重学生个性发展的原则。第四,强化实践育人环节,突出工程实践能力和创新精神培养的原则。

与此同时,国内很多企业都陆续开办了企业大学。国内目前做得比较成熟的像海尔大学、华为大学等,都有效地促进了企业员工的快速成长,迅速适应了社会发展的需求。在"互联网+"的浪潮推动下,将会进一步促进企业大学的快速发展,打造一个智能企业大学生态系统,以客户需求为主要导向,通过大数据推进企业大学的智能化发展,促进企业大学更好地服务于企业、服务于社会。

三、人才培养手段

随着互联网技术不断发展,如今人才培养手段也不断地丰富,尤其像依托于互联网出现的新兴慕课、网络视频公开课程等,都给知识传播提供了巨大的便利,也给工程人才培养提供了更加丰富的手段。

慕课(MOOC)是近年来出现的在线课程开发模式,是将过去发布资源、学习管理系统以及更多的开放网络资源综合起来的新的课程开发模式。慕课是以连通主义理论和开放式网络化学习作为基础开展的,课程范围非常广泛,可以给广大学生或者其他兴趣爱好者提供非常便利的平台。MOOC在中国受到很大的关注,2014年用户达到了65万人,数量位居全球前十,而且用户增长速度非常惊人。越来越多的中国学生开始通过MOOC这样一种模式进行课程学习。这将成为学校课堂的最有效补充,而且传播效率更高,对于工程科技人才的培养质量提升有重要的帮助。

世界各地高校也构建基于网络平台的大型公开课程系统,尤其像哈佛、耶鲁、牛津等世界名校都将自己非常优秀的课程资源放到了互联网公开课程当中,供世界各地有需求者进行学习。我们国内高校也有自身精品公开课程的打造计划,而且质量也在不断地提升,内容涵盖面越来越广泛,覆盖人群越来越广泛。尤其是国内众多工科见长的学校之间通过这样一种公开课程的形式,可以更加有效地进行交流和沟通,从而有效地提升课程质量,满足学生需求。

总而言之,目前我国工程科技人才培养没有表现出对外在经济转型和创新驱动发展建设的重视,我国工程科技人才的培养质量跟不上时代发展的需求,构建一个良好的工程科技人才培养路径迫在眉睫。走具有中国特色的自主创新之路,建设创新型国家,对于工程教育的质量必然有更高要求。要改革提高工程科技人才的自主培养能力与水平,深入实施工程教育数字化改革行动,全面提升我国工程教育质量。

第二节　高等工程教育体系发展趋势

新一代信息技术引发的知识和产业革命正席卷全球,未来的工程场景和工作方式将发生不可估量的剧烈变化,对工程教育体系发展提出挑战,主要包含以下三个方面：一是大学工程教育资源的局限性，要求教育资源更多地开放，吸引产业界资源来一起做工程教育；二是工程教育内容更新跟不上产业发展速度，新时代产业界尤其是龙头企业往往能先于教育率先掌握该领域的前沿动态与领先科技，必须要求教育环境与产业环境的深度融合；三是伴随人工智能对教育的冲击与挑战，知识结构发生了革命性变化，从"生命、物质"的二元空间发展到"生命、物质、信息"的三元空间，为应对智能化社会趋势，工程教育要更加强调人的智能化教育。

一、学科专业壁垒逐渐破除

一直以来，以学科专业为基本单元的工程教育培养体系，是工程教育发展的基石，从另一方面讲也是羁绊。人工智能的深度发展加快了知识体系更新，产业创新的步伐也在不断超越工程教育的内容与环境，工程教育的内外部变革都在倒逼工程教育破除学科专业壁垒，实现工程教育体系重构。

麻省理工学院：NEET计划。2017年8月，MIT启动了新一轮的工程教育改革，即"新工程教育转型"（New Engineering Education Transformation，NEET）计划，代表了美国工程教育的最新发展方向。该计划强调以学生为中心，变革学生的学习方式与学习内容，以培养能够引领未来产业界和社会发展的领导型工程人才为目标。[1] MIT认为，工程教育应从关注当前产业界发展转向面向产业界未来发展，即面向未来的新机器与新工程体系；新机器是对工程师所制造出来的工程人工物的统称，例如机械类、分子类、生物类、信息类的工程人工物；新工程体系是指由新机器所组成的产业体系。

根据MIT的构想，21世纪中期的新机器与新工程体系将会由物联网、自动化体系、机器人体系、智慧城市、可持续材料与能源体系、生化诊疗、大数据等组成。[2] 与传统的机器和工程体系相比，面向未来的新机器与新工程体系体现出高度的整合性、复杂性、连通性、自主化以及可持续发展等特色。高度的整合性指新机器与新工程体系超越了传统的工程学科隔离，对

---

① 肖凤翔，覃丽君.麻省理工学院新工程教育改革的形成、内容及内在逻辑[J].高等工程教育研究，2018(2)：45-51.

② MIT School of Engineering. New Machines&Systems[EB/OL]. (2017-12-02)[2022-12-26]. http://neet. mit. edu/charter/.

机械、信息、分子、生物、建筑、能源等进行整合;复杂性指新机器与新工程体系所运用的工程技术的复杂程度不断提升;连通性指新机器与新工程体系各部分是高度连通的;自主化指新机器与新工程体系自主水平提升,可以独立于人的行为自主运作;可持续发展指新机器与新工程体系与自然生态环境之间的关系。

为此,NEET 计划设置了以生命机器 (living machine)、自主机器 (autonomous machine)为主题的两个串联 (threads),强调跨部门(跨学科)设计,以实践活动为载体来培养学生的实践能力与创造性。串联是由若干研究子项目组成的项目集成,这种集成不是机械式的,而是围绕某一主题有意识、有目的构建的一系列相互衔接、难度逐渐递增的子项目的有机式集成。在强调学生对工程科学知识掌握的基础之上,通过串联整合各学科知识,培养学生的系统性、分析性、批判性、创造性等思维。项目指导教师是跨部门的,如"自动机器"项目由航空航天学院教授主导,由航空航天、机械工程、电气工程和计算机等部门参与。项目设计由跨部门(跨学科)的教师和行业企业专家完成。教师结合自己的科学研究和工程实践,将科研和实践成果转化到项目设计中去,丰富教学内容并为项目的实施做好充分准备。项目内容的设计强调将工程领域的科研成果与信息、生物经济等知识相融合,关注工程的智能、绿色和高效,关注环境质量和健康,关注新材料和低能耗。项目方法的设计强调基于网络和系统,培养学生信息素养和数据分析的能力,培养学生环境意识、可持续发展意识和终身学习的能力。项目不仅吸收行业企业的实践案例,加强校企合作,而且项目实施的成果也可反馈指导企业实践。[①]

加拿大 McMaster 大学:创意设计类的新型工程硕士计划。在 21 世纪,创意和设计日益处于产业链的顶端,作为工程专业本质的创造更显突出,而工程的创造与设计是紧密联系的。设计教育的改革和发展对传统的工程教育模式提出了极大的挑战,设计的概念也超出传统的工程技术设计,已经拓展到非技术的设计,包括创意和概念设计、创业设计、工业设计、规划和政策设计等。下文以颇具特色的加拿大 McMaster 大学的典型做法为例,介绍其工程设计硕士 MED(Master of Education)项目。

---

① 朱伟文,李亚东. MIT"项目中心课程"人才培养模式解析及启示[J]. 高等工程教育研究,2019(1):158-164.

培养目标：工程设计硕士专业给参与者提供能够在技术型组织中成为领导者的知识和技能。这个计划将大大提高参与者的设计能力、领导能力和管理能力，以及专业技术。对解决工业中工程实践问题的高度重视通过来自工业的项目完成。这个计划采用基于解决问题的方法来学习，从而为参与者提供知识和技能，使他们能够在生产或咨询中有效地工作。美国普渡大学曾经对 2008 年就业增长做过一项预测，研究表明：对工程师的需求处在最高的需求行列，其中处于排名前十的领域有五个是工程领域。在接下来的 20 年中，更多的工程师将需要提高系统、软件解决方案和工业产品设计中的性能、安全、效率及环境可持续性。此外，创新的设计能力和改善现有系统性能的能力已成为市场竞争优势的基础。

因此，将想法成功转换成一个完整的设计将需要跨学科的工程师，在设计和发展过程中他们不仅可以领导团队和进行过程管理，而且能在快速变化的经济中不断变革新概念和工程技术来满足客户的需要。通过培养一大批在创新、设计及领导力上具备杰出能力的跨学科工程师，使他们能够将这些能力应用到不同工程领域，并显著提高社会创造价值，传递价值的能力。为参与者提供技术、领导力和管理技能，使其成为在技术型组织中受市场欢迎的毕业生。

培养模式与课程：工程设计中心在以下方面提供先进的训练，包括领导力、协作、带领不同团队的管理技巧，产品设计和创新，工程学科中突破性的系统设计及运行等。主要涉及的工程领域包括流程工业（炼油、化工、制药、电力）、民用基础设施（建筑、环境系统）、制造工业和消费产品（如汽车、电子、家用物品）。MED 培养课程分为五个部分：一是领导和管理课程，给研究生提供能力和经验来处理工作环境中的复杂情况、带领团队以及管理项目；二是跨学科工程课程，给研究生提供产品设计、项目管理和风险管理领域的知识与技能；三是核心技术课程，给研究生在选定的技术领域提供专业知识；四是选修课，使研究生在感兴趣的技术领域的研究核心获得更广泛的专业知识；五是面向工程的项目，通过在真实的工业环境中分析和解决复杂的需要集成多个学科知识的问题，给研究生提供工业实践经验。并且在工程设计硕士的最后阶段，每个学生必须完成为期四个月的实习。

德国柏林工业大学：新时代背景下计算在传统工科中的有效应用。柏林工业大学作为德国 TU9 联盟高校之一，在工程科技人才培养方面积累了丰富的理论设计和实践探索经验。土木工程作为传统工程学科，伴随着计算相关技术的进步亦在不断地发展和更新，其呈现了计算与土木工程在课程层面的融合，并展现了计算作为一种方法和工具在传统工科中的应用。

土木工程师承担着文化责任，因此要考虑整体建筑。在柏林工业大学土木工程三年制跨学科学士学位课程期间，将全面介绍土木工程的科学基础，以及建筑物、道路、桥梁、塔楼和发电站的安全可持续发展。他们希望掌握一般工程方法、设计、框架结构、岩土工程、水利工程、基础设施和综合管理方面的技能。除此之外，其人才培养目标亦包含对智能化方法和工具的掌握。在柏林工大土木工程必修课程中，课程主要可划分为三类，即数学和力学基础、土木工程基础和计算相关课程。这三类课程中均有涉及计算能力培养相关的内容，数学和力学基础课程涵盖了线性代数的数学基础、建筑结构的模型设计和计算、识别模型应用能力的限制、建构静态模型和计算方法等内容。在土木工程基础课程中，主要以工程基础课程为主，包括材料、物理、结构等工程基础课程，其中涵盖建模等计算相关的内容。在计算相关课程中，从应用指向来看包含需要使用的软件工具、对土木工程应用程序的开发和拓展两个层面，使用软件工具的层面涉及建筑相关软件的应用和程序设计，通过计算机辅助模拟方法，分析物理、逻辑和网络构建组件，包括算法和数据结构的内容；开发和拓展则要求土木工程师在掌握计算基本知识和技能的基础上，具备抽象系统模型和实现系统架构的能力。

不难发现，柏林工大土木工程课程设置具有如下特点：一是将计算相关内容融入土木工程专业教育，拓展了传统专业的深度与广度。在土木工程专业的数学和力学基础层面、工程基础层面和计算相关层面，计算相关的课程内容均有相应的体现。主要展现在工程建模、模型设计和计算、模拟仿真、算法、数据结构、数值方法、R程序语言等方面。二是计算作为工程系统的组成成分。在如土木工程中的数值方法、系统技术等课程中，不同元素在复杂的系统中协同工作，并在抽象系统模型的基础上理解。计算机辅助模拟等方法也为工程系统的设计和构建提供了新的思路。三是基础层面的计算元素与专业化层面工程软件设计共存。在课程设置中可见，既包含基础层面的数学及力学基础与计算的结合，也包含诸如BIM等面向土木工程的计算软件的学习。BIM在如今的土木工程中处于重要地位，掌握BIM所要求的语言、程序设计、数据结构等计算相关内容也包含在其中。

二、教育内涵不断丰富

近年来"工程范式"主导下的工程教育内涵不断丰富,尤其是在创新创业体制机制的全面深化改革推动下,催生了产业发展环境与工程教育环境的破壁效应,让工程教育体系与工程实践、市场需求、经营管理、资本价值全面结合。

欧林工学院:面向产业需求的集成式课程体系改革。欧林工学院坐落在马萨诸塞州的尼德海姆镇,毗邻美国商业和创业教育的领导者百森商学院。这种选址正是体现了欧林工学院的办学意图,希望通过和百森商学院的合作、优势互补,为培养创业型工程人才奠定基础。为培养综合型人才,欧林提出了工程教育的三角理念,简称为"欧林三角"(见图 3-1),即在工程教育的基础上,融入创业教育和人文社会艺术教育。在这个三角中,传统的工程教育处于顶端,是工程师培养的核心;创业教育和人文社会艺术教育是工程师培养的两翼。其中,创业教育旨在培养学生的企业家精神和创业能力,使他们具备企业家的眼光和胸襟,能洞悉市场变化,认识产品的市场需求。①

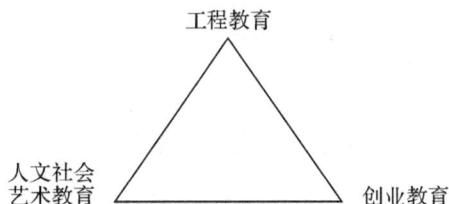

图 3-1　欧林三角

根据创业型工程人才培养需要,欧林工学院设计了创新性课程:模块化课程设置、融合性课程内容和灵活的课程学习方式。模块化课程:在欧林工学院,所有主修课程和大部分辅修课程都是以模块化方式进行。模块化课程的基本理念是打破学科界线,将不同知识按照项目和工程设计需要进行组合,让学生在实际操作和项目开发中发现问题,从而进行有针对性的学

---

① 徐小洲,臧玲玲.创业教育与工程教育的融合——美国欧林工学院教育模式探析[J].高等工程教育研究,2014(1):103-107.

习。融合性课程:欧林工学院的课程内容经过精心加工和再组织,对不同知识进行内在的有机融合。如新技术公司,这是一门从创办企业的角度将工程与创业相结合的课程。课程内容涉及高新技术知识(新兴的技术领域、未来技术的发展方向)和创业领域知识(知识产权保护、团队建设和筹集资金)。课程目标是将技术与创业深度融合,引导学生创建高技术企业。该课程不仅将高新技术和创业领域相结合,还实现了校际联合,如百森商学院和欧林工学院的学生深度合作,发挥各自优势,实现在学科交叉中学习。课程的主要学习任务是学生以团队的形式写出一份基于技术的创业计划书,并向投资方进行陈述和展示。灵活的课程学习方式:欧林工学院规定学生的修习学分最少为 120 个,分布在 5 个领域(见表 3-1)。从表 3-1 可知,创业课程所占的比重并不大。如果满足了 AHS 不少于 12 学分的要求,创业最多只有 16 个学分。实际上,除了上述专门的创业课程之外,欧林还将创业内容渗透在各类课程中,如"捆绑式"实习课程,此类课程是将创业内容融合到工程项目中。除此之外,欧林根据学生的不同需求设置了多种修习途径:一是面向有浓厚创业兴趣的学生。此类学生可以在专业学习的基础上研修创业;二是针对想掌握创业技能的学生,可以在学习专业课程的同时将创业作为选修课程进行学习,获得相应的学分,并取得创业资格证书;三是针对想了解创业知识的学生,可以参加基础性创业学习,获得该领域的基本知识。

表 3-1　欧林工学院学生必修学分要求

领域	最低学分要求
工程	46
数学和科学	30
AHS 和创业	28(其中 AHS 不少于 12)

俄罗斯 SkTech 学院:将工程教育、科学研究与创新创业有机集成。斯科尔科沃科理工学院(Skolkovo Institute of Science and Technology,以下简称 SkTech),坐落于素有俄罗斯硅谷之称的斯科尔科沃创新中心,其愿景是"成为斯科尔科沃创新生态系统的中心元素,从俄罗斯联邦和海外吸引、培育和聘用最优秀的人才,与研究实验室、风投企业、公司和工业伙伴密切合作,打造一个以科技应用为基础的经济和创业活动的舞台"。

SkTech 设有一个创新创业中心(CEI),作为学校对内服务、对外联络的综合部门，该中心的主要职能是提供与创新创业实践相关的教育、研究和管理，从而跨越和耦合各个学位授予计划。通过借鉴 MIT 和其他机构的成功经验，CEI 把教育、研究和商业化作为集成创业创新（E&I）的三个支柱。每个支柱都包含一些短期和长期的目标，以适应俄罗斯创新生态系统的独特需要。

第一个支柱是教育支柱。教育活动与集成创业创新的课程设置一起提供了一种方式，用来确保所有学生和博士后了解科学技术商业化的潜力和过程。这些活动的具体要求是：强化科学和工程的学科性知识，以便提供一个适合知识经济的平台；实施并精品化若干交叉学科计划；理解科学技术的社会背景知识；处理复杂和动态问题的系统思维；开展与科学、技术和商务关联的创新和创业教育。正式的创业创新科目有必修科目和针对深度需要及学科侧重的附加选修科目两种。另外的活动，如学生/教师俱乐部、商业计划和创业竞赛、请企业家指导等，都为创建新的大学文化带来了机会。

第二个支柱是研究支柱。它有几个构件：第一，强大的科学和工程的基础研究是至关重要的，因为它提供引发创新的思想与观察；它们是创新的引擎，而研究中心则提供这个引擎。这些研究中心将在 SkTech 以及国际机构（如 MIT）和其他俄罗斯机构开展扎实的活动。第二，必须有开展战略性交叉学科研究的机会，这是由 5 个主题科技领域的教育计划提供并予以保证的。第三，这个基础研究必须涉及特定市场机会的转化，这样，如成功就可能产生商业的影响。MIT 的 Deshpande 中心就是一种由基础研究捕获和开发其价值的重要模式，它提供的实际经验可作为设立创新研究资助课题时的借鉴。最后，研究支柱还必须包括对创业创新的管理与实践的研究，尤其是在俄罗斯的大环境下。为保证对创业的独特地方事务和社会动力学的理解和能够持续的改进，这是最为关键的。

第三个支柱是创业创新支柱或商业化支柱，它提供捕获和创造由研究带来的价值所必需的管理框架和流程。为此必须有与流程、政策和程序打交道的组织，其职责是：编写和执行有关外单位资助研究的合同；识别、创造和保护知识产权；通过涉及资助、研究和商业化的公平和透明的法律协议，实现技术转移到新老公司的最佳实践；对整个从思想到商业化的价值链提供指导，建立、培育和促进连接大学内外的网络。把研究合同签订和知识产权登记放在同一个机构内管理，便于平衡研究赞助商的利益和 SkTech 的发明家及其利益相关者的利益，公开的程序和公平的审计也合乎大学的实际要求。MIT 和其他地方在相关机制上已经积累了许多经验,它们包括:工业联盟和风险金融网络,学生俱乐部及其活动,校内外的赛事,出版刊物、建立博客等,官方发起竞赛和奖励,风险创造比赛,商业计划和"大挑战"解决方案,以及成果奖励和庆功会。

慕尼黑工业大学:走向创业型大学。慕尼黑工业大学(以下简称TUM)秉持创业型大学理念,以创业型大学为学校发展的首要战略,坚持不懈地拓展学校的发展空间,有条不紊地工作,以新的理念来重新整合各种资源。为应对全球市场经济和未来社会的新挑战,该校建立起现代化、企业化的组织机构并组织实施,加强规划、严格控制以提高效率,坚持高质量的评估。

TUM 校方认为,学生群体与雇员和科学家一样,蕴含着巨大的科研创新潜力,但这些智力资源以前没有得到充分开发,大学要通过挖掘年轻人的科研能力来培养他们,使他们学习和了解科学进步的动力和过程。TUM非常重视扎实的基础教育,其科研人员以最高水准从事研究工作,并将科研成果直接融入教学。

作为一所德国著名的"紧密联系企业的精英大学"(Die Unternehmerische Elite-Universitaet),TUM 与众多欧洲知名企业有着紧密的科研、生产、教育和经济联系,为科研成果尽快应用于教学实践提供了外围保障。此外,TUM 还加强了与校外科研机构的联系(如马普所、亥姆霍兹协会),在进行科学研究的同时还以此种方式培养优秀青年。同样,在TUM 的卓越大学计划中,非常强调教学与科研的统一性,鼓励本科生参与科学研究,这是对洪堡理念的继承和发扬。与科学和研究实践相协调的人才培养模式,克服了学科之间的界限,促进了创新。

在 Weihenstephan 生命科学研究中心(Science of Life for Life Science Centre),先前的学院已经由矩阵结构的研究部门和教学学院所取代。这个新型的矩阵结构推动了跨学科的合作,使得教学方法更具灵活性。在矩阵的节点上,教授职位或与相关课题,或与课程教学紧密结合,或与跨越学科的重点研究所和中心捆绑在一起,旨在为学生、雇员、已就业的校友、教师、管理人员和其他目标群体提供更好的社会服务和提高培养的质量(浙江大学课题组,2008)。

TUM 充分利用与产业界的广泛联系。一方面不断调整自身的教育去充分利用与产业界的广泛联系,一方面不断调整自身的教育模式以适应产业的最新发展,一方面鼓励相关用人单位吸纳模式以适应产业的最新发展,一方面鼓励相关用人单位吸纳 TUM 培养的高素质初级工作人员或毕业生。近年来,TUM 逐渐加大了在课程计划调整上与产业界的沟通合作,使得人才培养更有针对性,如毕业生就业去向的广泛调研反映出 TUM 毕业生大多毕业后从事技术管理岗位,因此在所有专业都开设管理学课程,以培养学生管理能力。当然,那些与企业相关的重要的其他非技术知识也已经列入许多学院学生的学习范围,如社会竞争力、工商管理知识和外语能力等。TUM 的教学计划非常注意及时将最新科技成果、新近信息资料引进课程,提高信息学在各专业教学中的地位。再如信息学院(Faculty of Informatics)就认为,培养学生社会交往和经济管理的能力是非常重要的,因此要让所有学生都将接受经济、管理、法律、沟通和团队合作的基础教育,密切关注企业的需要,开设实用方向的课程,把学生培养成为未来商业社会中的可以合作的对象。经济学院的 MBA 培养项目,与莱比锡管理研究生院(Leipzig Graduate School of Managment)、Unternehmer TUM 及麦肯锡公司(McKinsey & Company)、英特尔公司合作,注重人才的创业创新能力培养,把管理能力培养、创业能力培育结合起来,通过创业体验(地点在美国硅谷)、管理科学学习等方式提升学生的综合素质。

第三节　高等工程教育体系面临的变革挑战

新一轮科技革命和产业变革方兴未艾,大数据与 5G、工业互联网、物联网、人工智能、区块链等新一代信息技术融合发展,正对各国经济发展、社会进步与人民生活产生重大而深远的影响。工程教育扎根新时代土壤,面临着两大变革。

一是知识体系的内生性变革。为了在全球创新生态系统中占据战略制高点,迫切需要培养大批新兴工程科技人才,这对工程教育的基本单元提出了挑战。现代科学和工程技术正在高度分化的基础上呈现出高度综合的趋势,进一步打破学科界限,尤其是信息技术的广泛深度应用,在新工科中融合渗透到不同学科的知识、理论、方法、技术与手段,实现学科交叉向学科会聚的转变,知识体系从"生命、物质"到"生命、物质、信息"的三元空间变革,已是势在必行。

二是产业体系的外生性变革。以新技术、新产业、新业态、新模式"四新"经济为核心的产业驱动力量正在重塑工程环境,智能制造、人工智能、虚拟现实、可植入技术、无人驾驶、3D打印、基因测序等一大批颠覆性创新的技术体系逐渐走向成熟。工程教育如何能够与产业协同发展,在新技术的催生和新产业的孕育中发挥引领作用,在区域经济发展和产业转型升级中发挥支撑作用,是高校亟待解决的问题。只有推动工程教育环境与产业发展环境的"破壁",才能为产教融合的协同育人提供良好平台。

一、知识体系变革:从二元空间到三元空间的知识革命

(一)知识结构向三元空间的跃迁

2017年7月,为抢抓人工智能发展的重大战略机遇,构筑我国人工智能发展的先发优势,国务院印发《新一代人工智能发展规划》,指出到2030年我国要"形成较为成熟的新一代人工智能理论与技术体系"。人工智能进入了"新一代",折射出知识结构正在从二元空间向三元空间迈进,[①]如图3-2所示。早在人类出现以前,物理空间(physics)就已长期存在;人类诞生后,不断的社会交互活动构成了第二元的人类社会空间(human society);随着信息化革命的兴起,信息资源对人类社会的重要性逐渐超越了能源和物质资源,成为社会生产力中的主导要素,信息空间(cyber)开始成为世界空间的新一极。

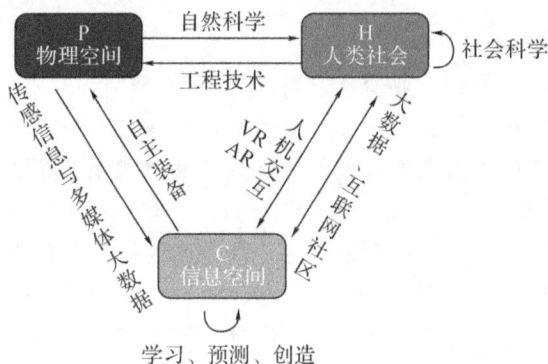

图 3-2　知识结构的三元空间

---

① 潘云鹤.人工智能2.0与教育的发展[J].中国远程教育,2018(5):5-8+44+79.

历经数十年的深刻变化,信息资源从一开始来自书籍、媒体等人类活动,到通过互联网、移动通信实现信息的互联,再到使用传感器和物联网直接源于物理世界,信息空间已不再依附于人类社会。随着信息的爆炸式增长,产生的大数据已非人脑可以单独处理,类似阿尔法围棋(AlphaGo)的大数据智能甚至能够战胜人类围棋手,显现出人工智能向 2.0 发展的端倪。在移动互联网、大数据、云计算、传感网、区块链、脑科学等新理论新技术以及经济社会发展强烈需求的共同驱动下,人工智能加速发展,呈现出深度学习、跨界融合、人机协同、群智开放、自主操控等新特征。在这样的趋势下,《新一代人工智能发展规划》确立了大数据智能、跨媒体智能、群体智能、混合增强智能、自主智能系统等五个人工智能基础研究领域,并要求在人工智能模型方法、核心器件、高端设备和基础软件等方面取得标志性成果。为实现这一目标,工程师与科学家必须不断思索人工智能的未来发展方向,将人的智能和机器的智能融合在一起,从而创造出服务人类社会进步的人工智能。为此,工程教育必须适应三元的知识空间,重构人才所需的核心知识结构,将原有的工程知识、技术知识升级换代。在教学中不仅需要注重科学知识的传授,更要将不同类别的知识进行融合式整合,构建层次丰富、纵横交织的知识结构网络。

(二)三元空间下工程教育的新发展——新工科的崛起

三元空间下,新技术、新产业、新业态和新模式蓬勃发展,迫切需要能够适应和引领新经济的工程科技人才。改造升级传统工科专业,主动布局未来战略必争领域人才培养,是工程教育发展的必然方向。以"新工科"建设服务国家创新驱动发展、"中国制造 2025"、"互联网+"、"网络强国"、"一带一路"等重大策略,突破核心关键技术,构筑先发优势,已经成为高等工程教育领域的共识。新工科的"新"是一个广义的概念,在新工科的三类学科专业中,新型工科专业属于"存量更新",新生和新兴工科专业属于"增量补充"。[①] 新型工科专业是根据产业未来发展需要,运用信息化、智能化或学科交叉等方式,对传统工科专业的改造与升级。而新生和新兴工科专业则是为了提前布局引领未来技术和产业发展的人才,通过对国家及产业未来需求和发展方向的准确把握,经由科学缜密的可行性分析论证后慎重挑选和设置的。

①　林健. 引领高等教育改革的新工科建设[J]. 中国高等教育,2017(Z2):40-43.

2018 年 3 月,教育部首批认定了 612 个"新工科"研究与实践项目,包括 202 个"新工科"综合改革类项目和 410 个"新工科"专业改革类项目,以互联网和工业智能为核心,组建人工智能、大数据、智能制造等项目群,涉及大数据、云计算、人工智能、区块链、虚拟现实、智能科学与技术等相关工科专业。此后,"新工科"建设进入再深化的新阶段,出台一系列举措并全力推进,例如正式发布"天大方案""成电方案""F 计划",2020 年 10 月,教育部认定第二批新工科研究与实践项目共计 845 个项目,探索构建产学研用多要素融合、多主体协同的育人机制,以院系组织模式创新为抓手,推进建设 28 所示范性微电子学院、11 个一流网络安全学院、50 个现代产业学院、33 个特色化示范性软件学院、首批 12 家未来技术学院,"新工科"的崛起已然成为高等工程教育发展的新趋势。

（三）三元空间下工程教育的新模式——"工科+"的学科会聚体系

随着信息化革命的深入与数字化技术的兴起,知识更新迭代迅猛、科学技术交叉显著,科研与教学模式发生根本性变革,从单一学科、多学科到学科交叉,学科界限被不断地打破。例如"机器人工程"是集新材料、新工艺、新能源、全球定位导航、移动互联网、云计算、大数据、自动化等多种学科和技术的产物。"智能科学与技术"专业是一门融合了电气、计算机、传感、通信、控制等众多学科领域,多学科相互合作、相互研究的跨学科专业。它涉及机器人技术、微电子机械系统、以新一代网络计算为基础的智能系统,及与国民经济、工业生产与日常生活密切相关的各类智能技术与系统等。仅仅依靠学科交叉所形成的知识互补,已经难以支撑这些专业的建设。因此,从"学科交叉"走向"学科会聚",成为三元空间下工程教育发展的必然趋势。

与学科交叉相比,学科会聚试图推翻学科之间的研究和发展壁垒,缔造全新的研究思路和全新的经济模式。[①] 它包括四种类型:1)学科交叉成长型,指不同学科的研究者为了共同的科学目标主动会聚在一起,研究解决共同的科学问题;2)工程任务拉动型,是指围绕国家指令性任务会聚在一起进行攻关;3)新型技术推动型,是指根据新兴综合性技术的发展,例如虚拟现实技术等,来推动不同学科的会聚;4)科技平台吸引型,是指不同学科的研

---

① 伍蓓,陈劲,蒋国俊,胡建雄,朱朝晖.学科会聚的起源、模式及影响因素分析[J].高等工程教育研究,2008(2):73-78.

究者长期依托同一大型科学设备,例如加速器等开展研究,促使一些学科会聚。[①] 在产业需求指引下,构建"理工""工工"结合、"工医""工农""工文"交叉的学科会聚平台,是高质量工程人才培养的本质要求。

二、产业体系变革:产业创新驱动的科教产融合发展

(一)产业变革新形势

历次科技革命的突破性科技成果通过市场化、产业化,改造了传统的产业,催生出新的行业,塑造了产业格局,推动了产业革命的兴起。随着人工智能、大数据、云计算等前沿科技逐步取得技术性的突破,在全球范围内掀起了以智能产业为牵引的新一轮产业变革,带动了我国制造业的转型升级。

制造业竞争力是综合国力的重要表征。2010年我国工业增加值开始超过美国,到2021年达到37.3万亿元,约占全球的30%,成为全球唯一拥有联合国产业分类目录中所有工业门类的国家,包括41大类、207个中类和666个小类。但是,我国制造业仍处于全球价值链的中低端,技术创新、资源利用效率及国际竞争力等方面与世界一流水平仍有一定差距,关键核心技术短缺的局面尚未根本改变。新一轮产业变革为我国制造业升级开辟了新的机遇,一方面,依托5G等技术优势与制造业规模优势,加快实现制造业与数字经济融合,改造传统的生产模式和服务业态。智能机器人等人工智能的成长将会替代低技能劳动、简单重复劳动,成为未来生产的主要劳动力,改造传统的资源配置和生产组织方式,促进全社会资源配置效率提高。新一代智能制造技术融入传统制造业的产品研发、设计、制造的全过程,将推动我国传统制造业由大批量标准化生产转变为智能化个性化定制生产,大幅提升传统产业发展能级和发展空间。另一方面,制造业和服务业呈现出高度融合的趋势。云计算、3D打印等新技术的产生与发展,将促进以个性化定制、柔性化生产和社会化协同为主要特征的智能服务网络飞速发展,以消费者为中心的生产性服务业专业化、生活性服务业精细化水平不断提升,催生出服务新业态、新模式。创意设计、远程诊断、系统流程服务、设备生命周期管理服务等新业态不断涌现,"互联网+"、生态旅游、休闲养

---

① 赵沁平.建设科技平台会聚学科力量提高研究型大学的自主创新能力[J].中国高等教育,2005(23):3-4.

老、远程教育、数字家庭、智慧社区等新模式快速发展①,服务业新旧动能转化势头迅猛。

(二)工程教育新挑战

产业变革的新形势引起了世界各国的广泛重视,如美国于 2009 年发布《重振美国制造业》的振兴框架,英国提出实施"英国新工业战略",德国于 2013 年 4 月发布"实施工业 4.0 的建议",中国也先后出台《中国制造 2025》《智能制造发展规划(2016—2020 年)》《大数据产业发展规划(2016—2020 年)》《云计算发展三年行动计划(2017—2019 年)》《新一代人工智能发展规划》等一系列政策,对高等工程教育提出了新的挑战。为响应国家战略号召,直面产业格局的深度调整,工程教育必须主动适应产业创新发展需要,以解决国家和产业重大需求与科技创新问题为使命,加快专业的调整和学科的会聚,优化工程人才的知识结构、素质结构、能力结构(KAQ),真正起到支撑和引领产业创新发展的作用。

与此同时,产业的教育功能正在增强,华为、吉利、海尔、百度、阿里等均已开始兴办企业大学。例如华为大学依据公司总体发展战略和人力资源战略,推动和组织公司培训体系的建设,并通过对各类员工和管理人员的培训和发展,支持公司的战略实施、业务发展和人力资本增值。企业投入教育的意愿加大,能够根据自身对人才储备的实际需求进行针对性的人才培养。如果高校所培养的人才仍然无法对接产业需求,将动摇高等工程教育存续的合法性根基。深化产教融合,促进教育链、人才链与产业链、创新链有机衔接,解决人才培养与产业需求"两张皮"的问题已是刻不容缓。

(三)三元空间下的产业数字化创新

从数字创新的基本定义出发,基于产业数字化创新的发展趋势、主要特征以及数字化创新人才的能力维度阐述三元空间下的产业数字化创新,分析对工程教育体系所带来的挑战。首先,结合新兴数字化产业和传统产业数字化转型的典型实践,明确产业数字化创新发展的趋势和主要特征;其次,通过系统解构以海康威视为代表的新兴数字经济企业和以娃哈哈为代表的传统企业数字化转型,剖析三元空间融合趋势下应对产业数字化创新的工程科技人才能力要求,坚持需求牵引,为高校培养面向未来的工程科技

---

① 洪群联,周鑫.新一轮科技革命和产业变革下服务业发展的趋势与对策[J].宏观经济管理,2018(4):38-41.

人才提供借鉴。

1. 数字创新的发展趋势

提到推动产业数字化创新,势必要先理解数字创新的基本内涵,常见的数字创新的定义:一是习近平主席在 2021 年世界互联网大会乌镇峰会上,提到推动数字经济发展时,提出"要激发数字经济活力,增强数字政府效能,优化数字社会环境,构建数字合作格局,筑牢数字安全屏障,让数字文明造福各国人民";[①]二是国务院发展研究中心将数字创新定义为"利用新一代信息技术,构建数据的采集、传输、存储、处理和反馈的闭环,打通不同层级与不同行业间的数据壁垒,提高行业整体的运行效率,构建全新的数字经济体系";[②]三是阿里研究院认为,"数字创新的本质是,在数据+算法定义的世界中,以数据的自动流动化解复杂系统的不确定性,优化资源配置效率,构建企业新型竞争优势"[③]。

总的来说,数字创新范围甚广,企业往往不可能同时利用数字技术改变产品架构、组织架构、组织运营过程和商业模式。因为企业的资源禀赋有限,企业需要识别不同数字创新模式的区别并针对某一种或某几种创新进行努力。具体来说,产业数字化创新呈现出以下发展趋势。[④]

一是数字产品创新。最常见的数字创新当属数字产品创新。数字产品创新指数字产品包含数字技术。换句话说,数字产品创新是指对特定市场来说非常新的产品或服务是包含数字技术,即信息、计算、沟通和连接技术的组合,或者被这数字技术所支持。数字产品创新主要包含两大类:纯数字产品和数字技术与物理部件相结合的产品(常说的智能互联产品)。

二是数字流程创新。数字流程创新指数字技术(即信息、计算、沟通和连接技术的组合)的应用改善甚至重构了原有创新的流程框架。在数字经济时代,创意产生、产品开发、产品试制与制造以及物流和销售等环节都可

---

① 新华社.习近平向 2021 年世界互联网大会乌镇峰会致贺信[EB/OL].(2021-09-26)[2022-12-06].http://www.gov.cn/xinwen/2021-09/26/content_5639378.htm? jump=true.

② 经济日报.国研中心报告指出——传统产业数字化转型需因"业"制宜[EB/OL].(2018-04-09)[2020-03-03].http://www.gov.cn/xinwen/2018-04/09/content_5280758.htm.

③ 安筱鹏.拥抱不确定性:从"战疫"看企业数字化转型的五大启示[EB/OL].(2020-04-10)[2020-05-03].http://www.aliresearch.com/cn/information/informationdetails? articleCode=56965024610127 872&type=%E6%96%B0%E9%97%BB.

④ 魏江,刘洋,等.数字创新[M].北京:机械工业出版社,2021:15-22.

能被数字技术所颠覆。

三是数字组织创新。数字组织创新,指数字技术使得组织的结构和治理结构被改变。数字技术能够影响诸如交易处理、决策制定、办公工作等治理方式甚至企业形态的改变。

四是数字商业模式创新。数字商业模式创新,指数字技术(即信息、计算、沟通和连接技术的组合)的嵌入改变了商业模式。商业模式指描述价值主张、价值创造和价值获取等活动连接的架构,数字技术的嵌入可以通过改变企业价值创造以及价值获取的方式进而改变企业的商业模式。

(1)典型案例分析

本节以海康威视为代表的新兴数字经济企业和以娃哈哈为代表的传统企业数字化转型为例,具体阐述企业实践中反映出来的产业数字化创新发展趋势。

1)海康威视。杭州海康威视数字技术股份有限公司成立于2001年,是以视频为核心的智能物联网解决方案和大数据服务提供商。公司拥有视音频编解码、视频图像处理、视音频数据存储等核心技术,及云计算、大数据、深度学习等前瞻技术,是国内视频监控行业的龙头企业。其主要研究方向包括三个部分:多维感知、人工智能以及大数据技术。海康威视之所以能在数字化进程中快速发展,一定程度上是因为它始终紧跟数字化、网络化、智能化的发展趋势,业务持续拓展,且增速高过行业增速。

数字产品创新:将数字技术与物理部件相结合。海康威视在产业数字化创新进程中最突出的优势就是将数字技术与物理部件相结合。海康威视是一个技术驱动的公司,它在安防产业站稳脚跟并推动其智能化升级的基础上,再把这些智能化技术应用到更多的产业领域,比如智能制造、辅助驾驶以及互联网家居领域等。综上,海康威视主要是围绕着两条线:一是技术驱动,二是市场拉动,即在技术驱动的基础上,不断拓展更多的市场机会,然后靠市场拉动。

2)娃哈哈集团。作为在中国乃至全球极具影响力的顶尖食品饮料制造商,娃哈哈创建于1987年,现已发展成为一家集产品研发、生产、销售为一体的大型食品饮料企业集团,为中国最大的饮料生产企业,产量位居世界前列。近年开始向菌种、酶制剂、机电等高新技术产业发展,目前已形成自己的菌种资源库,正在建设菌种厂,已自主开发了串、并联机器人,自动物流分拣系统等智能设备,成为食品饮料行业唯一具备自行研发、自行设计、自行生产模具、饮料生产装备和工业机器人能力的企业。

数字流程创新：以数字技术重构流程框架。娃哈哈作为中国饮料行业的龙头企业，在自身发展壮大的同时也认识到，作为世界工厂的中国，要打造饮料行业的"中国制造"典范，不仅仅是有最大的制造规模，还应该包括最高水平的制造管理，扎实打造饮料行业的设备管理体系。从最早期整线引进国外先进生产线，到后来引进单机自己集成自动化生产线，再到现在自行设计规划智能工厂，娃哈哈通过"三步走"的战略，实现了从自动化向智能化的转型升级。总的来说，娃哈哈基于数字技术重构了其生产流程，实现了一体化管控：作为首批入选工信部智能制造试点的示范项目，娃哈哈的智能工厂代表了当今食品饮料业流程制造智能化的领先水平。一方面实现了生产数据、质量数据、能源数据的透明化管控；另一方面，这些数据与集团公司的ERP/MES系统进行了集成，打通了从营销到生产过程再到仓储物流的全部数据流通道。除了使得不同规格、不同配方的产品可以迅速切换生产，大大提高生产效率，监控系统还可以实现异地监控，大大提高了管理效率。

2. 产业数字化创新的主要特征

(1)数字创新的主要特征

从传统企业组织和产业组织形态向平台型、生态型等新型组织演变，引致了企业和产业创新体系的革命性变迁，使得数字创新呈现出四大特征。[①]

创新主体虚拟化。创新生态系统中的主导者和参与者在线上实现交互，个体和组织两类创新主体之间的合作模式日显多样性、可塑性、虚拟化，为整个知识产权制度、创新伦理责任、成果共享制度带来了全新挑战。

创新要素数字化。大数据、云计算、人工智能、区块链等技术正在改变人流、物流、知识流、资金流和信息流，推动创新要素流动方向和流动速度的革命性变化，为企业创新提供全新的边界条件。

创新过程动态化。人机交互和深度学习正在改变创新过程，平台组织和网络组织的创新协同正在使线性创新成为过去，创新合作者之间的创意交互、流程重构、商业共创正在为产业创新提供全新空间。

创新组织平台化。依靠虚拟现实技术，虚拟信息空间大量涌现，以双边平台、多边平台、生态社区、创新社群为代表的新型创新组织，充分显示出强

---

① 魏江，刘洋，等.数字创新[M].北京：机械工业出版社，2021：Ⅷ-Ⅸ.

大的创新生命力。从科层结构到网络结构，从封闭创新到开放创新，从计划性创新到涌现式创新，正在颠覆创新组织形态。

数字化所带来的创新主体虚拟化、创新过程智能化、创新要素数字化、创新组织平台化，可以为数字链、物流链、创新链在线上线下低成本交融提供新的组织空间，也为各类创新主体提供低成本的创新要素，以在各区域内实现数字产业化的增量创新和产业数字化的赋能创新。[①]

增量创新：由信息、计算、沟通和连接这些全新数字技术创新（包括单元技术创新和技术组合创新），为经济和社会创造技术增量、价值增量。

赋能创新：由数字技术与原有农业、制造业和服务业深度融合，实现传统产业的数字化发展，为经济和社会创造价值增量。

（2）典型案例分析

1）增量创新：以海康威视为例

海康威视的数字产品创新具有三个特点：一是数字产品创新需要数字技术基础设施的支持。海康威视的创新要素主要来源于三大技术优势：计算能力、数据与算法。二是数字产品创新过程中要特别对不同数字资源进行整合和重组。智能化的需求一直存在，现在海康威视可以对不同数字资源进行整合和重组。三是数字产品创新过程要与组织的战略产生协同。海康威视是以视频为核心的互联网解决方案提供商，即它在拥有信息技术，或者有更好的技术后，可以在更多的安防以外的领域应用。基于此，无论是市场空间，还是未来在城市级的应用，都会有一个更大的拓展。这就是海康威视认为的智能化应用趋势，也是他们的智能化战略布局。

2）赋能创新：以娃哈哈集团为例

娃哈哈集团主要通过数字技术重构了流程框架，实现了传统产业的数字化发展，为经济和社会创造价值增量。在这一过程中呈现出的关键特征即数字流程创新过程中时间和空间边界愈发模糊。由于数字技术的引进，很多传统时间和空间限制变得不再重要。如娃哈哈集团在生产过程中，通过数字技术实现了从 ERP 订单到生产、再到发货物流的一体化管控，经销商完全可以通过互联网下单，再由娃哈哈数据系统依据大数据分析快速匹配生产线，大大节省了时间；除此之外，因集团数据集成，监控系统完全可以实现异地监控，突破地理空间的限制。

---

① 魏江，刘洋，等.数字创新[M].北京:机械工业出版社,2021:39-56.

3. 数字化创新人才的能力维度

数字化技术的快速发展正在改变传统制造业的发展基础和经营方式，也造就了新兴数字化产业的崛起与发展。我国相关产业在三元空间下的数字化创新过程中面临着巨大挑战，同时对产业急需的数字化转型中的工程师能力提出了全新要求。本文尝试从产业视角识别数字化创新过程中工程师的能力维度，结合我国高校工科人才培养改革需求，为工程师的培养提供需求侧分析。经过对以海康威视为代表的新兴数字化企业和以娃哈哈为代表的传统企业数字化转型等典型企业的工程师数字化能力及发展阶段解析，以及调查企业正在尝试的工程师（产学合作）培训方式后，发现数字化创新人才的能力维度主要包括：适应数字环境能力、智能设备操控能力、数字抽象分析能力、仿真模拟能力[①]，如图 3-3 所示。具体如下所述。

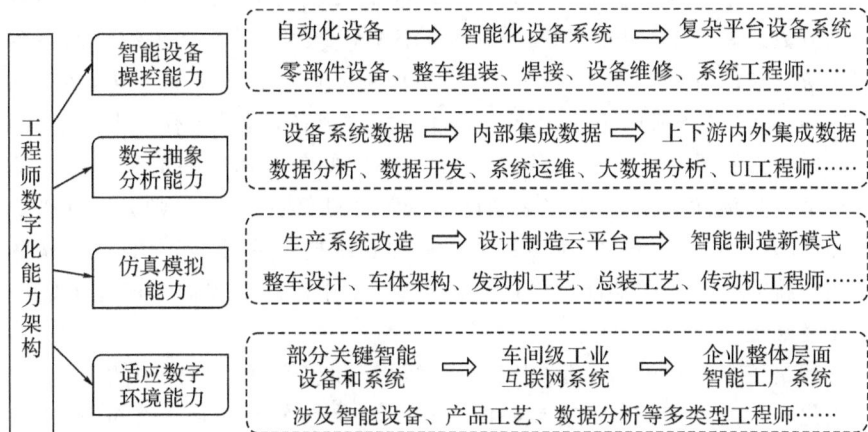

图 3-3　数字化创新人才的能力维度

一是适应数字环境能力。是指工程师适应企业新技术环境变化，实现快速学习和合作，涉及设备系统、工艺制造以及企业智能工厂系统不同层面，满足研发、生产、制造等不同环节工作需求。如在对娃哈哈集团相关人员进行案例深度访谈时，其特别提到了娃哈哈内部的参训制度，即要求每位工程师每年参加一定的工程师课程，同时根据工作经验总结开发课程，修满一定的学分，并与个人绩效挂钩，从而形成良好的学习氛围，以帮助工程师

---

① 朱凌，施锦诚，吴婧姗.培养工程师的数字化能力[J].高等工程教育研究，2020(3):60-67.

快速且很好地适应企业数字化转型带来的一系列影响。海康威视研究院为企业员工开设了300余门课程,例如深度学习、网络构建技巧、大数据架构等,非常注重工程师学习与创新能力的建设,强调工程师能跟踪、适应并引领快速变化的数字环境。

二是智能设备操控能力。是指工程师智能设备和软硬件系统操作使用,具有生产制造推进的相关经验,熟悉计算机的编程和修改。如在对娃哈哈集团相关人员进行案例深度访谈时,其特别提到了工作诉求场景转变后,对人员能力的要求发生了明显变化,如"跟班质检员原来只要检验并且通报就可以了,现在需要自己了解自动化的操控系统,并且能够很好地操控这些智能设备"。海康威视在招聘员工时,十分重视应届生的竞赛与项目经验,强调工程师对智能设备的实际操控能力。

三是数字抽象分析能力。是指实现数据采集、集成、预测、分析,熟悉掌握主流数据库系统(Mysql、SQL Server、SAP HANA 等),如组织协调主数据模块工作的开展。如在对娃哈哈集团相关人员进行案例深度访谈时,其特别提到了"设备科的工作人员原来直接面对设备,但现在有个中控室,所有的设备参数都在这个中控室的大屏集中体现,就要求现在的人员能够基于这个屏幕读懂数据,并预判装备的差错"。海康威视将工程师分为算法工程师、嵌入式软件工程师、应用软件工程师和结构工程师,其中嵌入式软件工程师就需要将各种功能软件嵌入设备中,使用户的抽象需求能完美地呈现在终端上。

四是仿真模拟能力。是指实现研发设计和生产制造环节中的工艺、流程优化。这需要工程师拥有良好的机械、控制、汽车等专业理论知识,并熟练运用二维软件或三维软件(UI 软件)、工业设计软件、编程软件(java、C 语言等)。如在对娃哈哈集团相关人员进行案例深度访谈时,就高校毕业生能否很好满足企业需求问题,对方特别指出:"现在招的研究生都更偏理论一点,但工业企业是需要落到实处的。学生虽具备了一定的基础知识,但和企业实际情况相比还是远远不够的,因为企业里对机械结构、仿真模拟的设计要更实践化一点。因而总的来说,招进来的人缺乏一定的实践经历,不能马上进入生产线操作。"海康威视的相关人员也指出,"在工具使用方面,比如说你会不会用 C 语言、java 这些工具,学校里面都有这些,但这些的操作和练习对企业来说是不够的","这个是需要实操或者需要有项目经验才能够获得的"。

第四章　高等工程教育体系内涵式发展机制

基于高等工程教育体系的理论构念，从其五个子系统视角出发，高等工程教育质量提升机制主要包括目标系统的设计机制、基础系统的优化机制、结构系统的改良机制、社会心理系统的塑造机制和管理系统的创新机制。利用高等工程教育体系的理论分析框架，本书重点结合代表性高校在提升工科人才培养质量方面的创新举措、特色体系、特色项目等案例比较分析，对高等工程教育体系内涵式发展机制进行了研究。

第一节　目标系统的设计机制

一、典型案例分析

（一）浙江大学工高班：培养高素质工科创新人才

浙江大学为培养具有国际视野的高素质创新人才和未来领导者，特别注重人才培养的顶层设计，在修订培养方案时，坚持"更高、更宽""以学生学习为中心""加大复合型人才培养力度"三大原则，科学地构建课程体系。浙江大学的工科人才培养以交叉和专业知识精深为目标，通过强化科学素养，培养具有坚实数理基础、富有创新精神、具有国际竞争力的工程专业领域高素质本科人才。为实现这一目标，浙江大学成立竺可桢学院，建立工程教育高级班［简称"工高班"，即 ACEE（Advanced Honor Class of Engineering Education）］，以"四重"（重基础、重设计、重创造、重实践）为核心，以培养具有坚实的自然科学、工程理论基础，掌握工程设计思想、方法和能力的复合型人才为目标，通过交叉化的通识教育、专业教育、综合教育和创新教育，致力成为培养具有组织工程、领导项目才能，具备较强的专业竞争力，能在未来重大工程科技领域发挥关键作用的组织型人才、领导型人才的摇篮。

工高班不但注重强化学生的自然科学基础，而且更注重培养学生的工程科学基础，通过实现教学环节的文理交叉与理工交叉以及秉承主修专业培养和工程教育相结合的培养模式，积极搭建起"多规格、多通道、模块化、宽专交、开放性、互动式"的高素质、创新型人才培养互动平台和产学合作教育网络。

（二）浙江大学工程师学院：培养应用型、复合型、创新型的工程师

浙江大学工程师学院按照"高层次、高素质、国际化"的人才培养理念，探索应用型、复合型、创新性的工程技术人才培养体系，成为培养造就一批具备先进工程技术研究、开发、管理、转化能力，掌握一定经营管理知识的综合类工程师和专业型工程师的综合性、应用型一流工程师大学。

以"需求"为导向，探索职业化工程教育创新模式。面向社会培养急需人才，主要面向企业在职工程科技人员招收、培养工程硕士、工程管理硕士和工程博士，达到培养目标并考核合格者，会获得学历证书、学位证书和省人社厅的工程师从业资格证书。工程硕士（Master of Engineering，简称MEng）教育按照"高层次、高素质、国际化"的人才培养理念，建立应用型、复合型、创新性的工程科技人才培养体系。工程管理硕士（Master of Engineering Management，简称MEM）教育培养掌握系统的管理理论、现代管理方法，以及相关工程领域的专门知识，能独立担负工程管理工作，具有计划、组织、协调和决策能力的高层次、创新型、外向型、应用型工程管理专门人才，以适应我国产业结构的调整与转型，实现我国建立创新型国家的战略宏图。

以"双导"为特色，构建职业化工程教育课程体系。在培养环节上着重加强工程实践训练、产学合作和国际合作，开展"学校导师＋企业导师"双导师联合培养，共同实施"课程学习、工程实践实训、国际交流、技术研发创新"的一体化培养。针对在职人员的特点与实际发展需求，按照拓展学术与产业视野、提高管理能力和提升专业业务水平的要求，实行大类与特色相结合的思路设计培养方案与课程体系。课程包括：公共学位课、公共经管类模块课程（3～5门课程）、专业大类模块课程、专业特色课程。培养环节包括：课

程学习、工程实践实训、海外交流和技术研发创新训练。学分要求为工程硕士 32 学分、工程管理硕士 30 学分。

二、以需求为导向的目标系统设计机制

每个组织系统都有其特定的目标,目标是组织系统对于未来一段时间内能够获取成果的期望,是一切组织活动的出发点。培养服务和支撑产业发展的多层次、多类型的工程科技人才是高等工程教育的总体目标。目标子系统包括学校以及学科的定位、人才培养目标,各个高校不仅需要结合自身的优势特色、资源禀赋,还要根据外部社会环境、产业环境、政策环境以及生态环境的变化和要求,做好目标系统的设计。

目标子系统的特征主要体现在两个方面:第一,目标子系统是多个目标的集合,包括组织的总体目标以及组织内部各部门的目标,体现学科、人才、科研三维一体协同发展的目标集合;第二,目标是动态变化的,需要根据环境及需求的变化以及自身发展诉求进行调整设计。在高等工程教育体系中,目标子系统是"灵魂",其他子系统都在高校使命的指引下改良优化,目标定位的不同决定了高校培养方式改革重点的不同。各个高校根据培养对象要求的不同,设计不同的人才培养目标,并相应调整培养模式、培养方案、课程设计、师资结构、组织结构、管理制度和组织文化,最终实现组织的目标(见图 4-1)。

第二节　基础系统的优化机制

一、典型案例分析

(一)清华大学:技术创新创业辅修专业

技术创新创业辅修专业教学计划(见表 4-1)的目标是在清华 iCenter 和各辅修专业联合主任的支持下,以前沿技术创新作为原动力,在清华打造一个具有原始创造力的辅修专业,以促进清华产出更多的未来科技。智能硬件、智能交通和机器人三个辅修专业 2016 年已从本校 20 个院系中招收 72 名大二或大三本科生,于 2016 年 9 月开始上课,辅修时间为 1.5 年,共 25 学分。

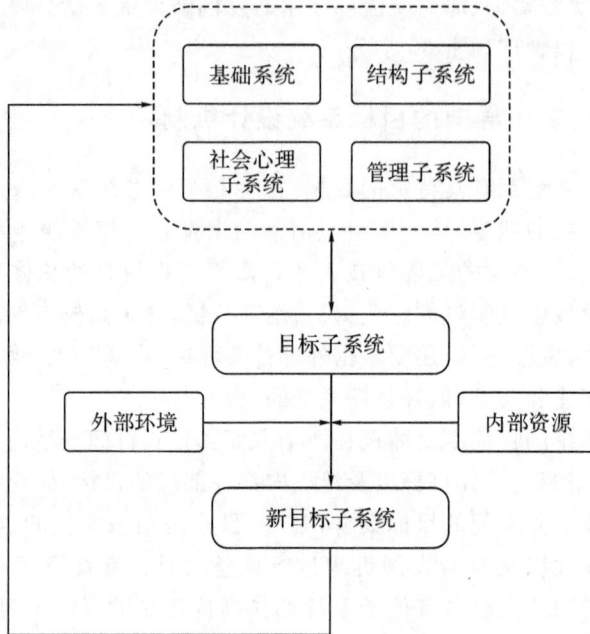

图 4-1 目标子系统与其他子系统之间的关系

表 4-1 清华大学技术创新创业辅修专业教学计划

时间	共同课程组		专业课程组
第一学期	(3学分)产业前沿模块:国际产业前沿趋势、全球创新战略、产品开发管理,培养机会识别的能力。		专业创新实践(6学分)专业选修模块(≥10学分)
	(3学分)设计思维模块:讲授设计定位、用户体验、设计流程、创意表达的角度,培养设计思维能力。		
第二学期	(3学分)创业训练模块:以团队的方式学习创业基础、领导力、精益开发、商业机会等内容,培养领导力和执行力。		
暑假	(2学分)国际创新工作坊:国际创客驻校导师对团队进行创新创业专题辅导。		
第三学期	—	—	

技术创新创业辅修专业通过导师指导下的团队项目实践和跨界学习，使学生掌握全球化背景下的创新创业理论、方法和工具，以创新产品开发为核心，最终做出适应市场需求的未来机器人作品，并完成初步的初创企业策划，以此拓展学生的创新力和领导力，培养学生的创业意识、创新精神和创造能力。

机器人技术创新创业辅修专业的培养目标是基于国家创新驱动发展战略，面向未来机器人前沿领域，针对服务、娱乐、教育、军事等方面的需求，以机器学及人工智能技术等前沿技术为依托，以产业化为导向，探索具有创新性的机器人产品设计与原型技术并实现技术向生产力转化。机器人技术是一项多学科交叉的技术，机器人辅修专业建设的团队成员主要来自控制、感知、智能、机械、设计与交互等几个方向具有丰富教学实践经验和长期合作关系的骨干教师，为便于开展密切合作，自动化、机械、设计单个学科各聘请一位联合主任，并设辅修专业执行秘书一名。

该辅修学位以团队形式开展产品设计和实验原型验证工作流程的专业训练项目。以完成一种新型机器人原型开发为目标，在综合运用辅修学位提供的理论知识和专业技能基础上，通过完成用户调研、需求分析、结构设计、原型开发和实验验证等五个实践环节，全面提高学生的创新实践能力。

机器人专业创新实践。机器人项目团队实践，确立项目并完成系统化创新产品开发与制作及初创企业策划。五个实践环节具体如下。

● 未来机器人的用户调研：围绕机器人的产业前沿，通过发放调查问卷、用户访谈等形式，综合运用用户调研手段，有效捕捉社会对新型机器人产品的需求。

● 未来机器人的需求分析：针对收集的用户需求信息，通过系统树立用户需求，结合团队自身的专长，明确新型机器人系统研发的目标、应用领域和作用范围，准确描述新型机器人产品的功能要求。

● 未来机器人的结构设计：针对团队明确的新型机器人系统的功能和指标要求，综合运用产品设计思想，给出系统机械、硬件、软件和信息交互架构设计方案。

● 未来机器人的原型开发：以新型机器人的结构设计方案为指导，综合运用机械加工、软硬件开发、调试工具，开发出原型系统。

● 未来机器人的实验验证：从系统开发目标出发，设置应用场景，对机器人原型系统进行试验测试，全面检验系统是否具备设计的功能和指标要求。

机器人专业选修模块。与共同课题组分模块的组成方式相类似的是,技术模块以自动化研究方向为主,设计模块以美术学院信息艺术设计系为主,创业模块选修以经济管理学院为主负责。共同课程组中的模块与专业选修模块的区别在于,共同课题组中的各模块以专业基础为主,涉猎范围较宽,而专业选修课程则针对性更强。以创业模块为例,共同课程组主要学习创业基础、领导力、经济开发等,专业选修中的创业模块主要聚焦于技术产品。

学生从共同课程组中的四个模块选择修读不少于 9 学分的课程。专业课程组由专业创新实践 6 学分和专业选修模块不少于 10 学分组成,专业选修模块包含技术、设计和创业三个模块。技术模块的具体课程安排见表 4-2。

表 4-2　技术模块的具体课程安排

课程名称与学时学分	课程内容	授课老师介绍
机器人工程基础应用 32/2	掌握机器人的基本结构、操作及编程方法,通过机器人视觉理论学习了解机器人传感与控制技术。	张文增(机械工程系副教授,机械工程学院院长助理,机器人负向专业跨学科机械学科协调人)
信息艺术与设计 32/2	介绍信息前沿技术的最新进展与未来展望,并且给出未来信息艺术设计的潜在需求分析以及相关的用户体验介绍。	徐迎庆(长江学者特聘教授,美术学院信息艺术设计系主任,机器人负向专业跨学科设计学科协调人)
人工智能导论 48/3	介绍人工智能的基本原理、方法和技术。内容涉及搜索、推理、知识标识、机器学习。具备对简单的人工智能问题建模、求解和实现的能力。	张长水(自动化系教授,原自动化系教学副主任)
电子系统设计与实践 48/3	介绍机器人控制嵌入式计算机系统开发设计,感知环境信息的传感器原理及信号处理方法,运动控制电机驱动电路设计。内容涉及模拟电子、数字电子技术、传感器及功率电子部分。	卓晴(自动化系教授)

课程名称与学时学分	课程内容	授课老师介绍
UNIX 系统基础 48/3	讲解嵌入式软件和实时操作系统（RTOS）的开发原理和应用技术。探讨机器人操作系统（ROS）基本概念和应用。掌握应用于机器人嵌入式控制系统软件开发方法,为实现机器人复杂任务建立软件支撑平台。	卓晴（自动化系教授）
线性系统控制工程 48/3	讲解经典、现代控制理论在机电控制系统中的应用案例,并以分组的形势完成自平衡机器人的分析、仿真、搭建和控制系统软硬件的完整设计流程。	赵千川（自动化系教授,控制理论课组负责人,协调人）、赵明国（自动化系副教授、专业秘书）
交叉项目综合训练——仿人机器人 64/4	讲授仿人机器人的结构、步态、视觉、定位与智能的基本原理及设计方法。通过实践掌握机器人视觉、运动规划及智能的实现方法,并在国际 RoboCup 比赛中检验效果。	赵明国（自动化系副教授、专业秘书）

专业选修模块中,技术模块选修课程应当突出本方向的特色,具备切实的技术硬东西,同时也要兼顾"辅修"的需求。创业模块开设的选修课程总学分小于 10 学分,允许学生跨模块选修,并且要注重在教学模式上;技术创新创业辅修专业依托校内多学科交叉融合、企业和国际导师形成多样化的教学力量,为学生提供多视角和个性化的教学指导,应用 MOOC、翻转课堂、体验性学习等多种教学模式开展灵活的教学实践,充分利用 iCenter 提供的创新实验环境,为辅修学位的学生提供以团队形式开展机器人创新设计和原型验证乃至产品发布的逼真创业实践平台。

（二）上海交通大学:建立慕课课程

随着信息技术的发展,工程教育的基础系统也在发生不断变化,公开课、慕课等新的教学形式不断涌现,促进了知识传播和教学质量的提升。以移动互联网、社交网络、云计算、大数据为特征的新一代信息技术的发展,正在改变人们的工作方式和生活方式,同样也为教育开辟了新的机遇。自2001年MIT宣布将课程免费放到网上起,MOOC(Massive Open Online Course,大规模在线开放课程,又称慕课)在全世界范围内兴起。2009年,哈佛大学推出高质高清课程"公正"将"在线教育"在世界范围内推向风口浪尖,包括耶鲁大学、麻省理工学院在内的世界顶尖大学开始投入巨资建设视频课程。2013年7月,上海交通大学与其他C9高校及部分"985"高校合作建立了"中国高水平大学课程共享联盟",共同打造我国高水平在线教育平台。上海交通大学组成专门团队,从2013年9月开始,启动完全独立自主的中文慕课学习平台研发工作,历时四个多月,于2014年年初正式推出"好大学在线"平台,面向全球提供在线课程。

上海交通大学为积极应对全球快速兴起的慕课浪潮,进一步开拓具有中国特色的慕课教育教学模式,在慕课课程跨校共享机制、碎片化教学机制、在线离线学习机制以及教学行为评估机制建设等方面取得了显著成效。

基于数据开源的教学资源共享机制,还与国内外高等教育机构和相关组织结成开放式联盟。开放式联盟采取联手协作、共建共享、开放资源的形式,整合各盟校的优质教育资源,经由微视频、微课程和社交网络交互的途径,面向盟校以及全社会开放,充分发挥各学校的数字教育资源特色和优势,满足各类学习者人群的需要,推动慕课的发展及其对全球教育的影响。

"好大学在线"平台作为"中国高水平大学慕课联盟"的慕课学习平台,目前已有四所一流大学10门高水平课程上线,课程发布院校包括北京大学、上海交通大学、香港科技大学和台湾清华大学等。

基于微课程的碎片化教学机制。微课程是慕课的显著特征。研究表明,短视频有助于帮助学生保持注意力,提高学习效果。为了适应学生的网络浏览习惯与注意力集中规律,慕课的教学内容在时长和知识点划分上,以碎片化为特征。"好大学在线"的慕课课程内容通常采用"小视频+小测验"的模式,由若干个5~10分钟左右的小视频组成,每个视频之后都嵌入随堂测试,就像游戏里的通关,只有答对的学生才能进入下一个教学环节。这种教学模式不仅便于学生按主题学习,也解决了学习时间碎片化的问题,满足了学生随时随地学习的需要。

在技术上"好大学在线"平台已初步完成以短视频、强交互为特点的慕课基本教学模式,全面支持Quiz In Video、Mastery Learning和Peer Review等慕课教学特点,采用了兼容HTML5和Flash的视频播放器;基于大数据分析,自主搭建了云视频服务平台,建立了基于云题库的练习和测试系统,支持公式可视化编辑,支持学生的作业自评与互评功能,部分实现了平台全文搜索功能、用户学习行为采集和分析功能以及针对移动智能设备的慕课课程学习应用 App 等。目前,"好大学在线"平台仍在积极挖掘和开发新的功能模块,继续改善平台的用户使用体验,协助教师更方便、更快捷地维护课程和完成教学活动,追踪学生学习效果,并不断探索新型教育模式与教育理念。

基于大数据的教学行为评估机制。慕课的师生比例极低,教师无暇对每个学生进行传统式的学习指导。为了提高学生学习效果,需要不断地在学习过程中提供大量即时的反馈,来支持每个学生的学习过程。因此,"好大学在线"提供了自动化的教学评估方式,如自评分的测验、附有答案的考试或作业,以及学习者的学习进度等。这种交互式教学评估方式主要依赖机器进行自动评分或者评级,对分布于世界各地的学习者随时随地提交的在线作业、试卷等实现即时反馈。"好大学在线"每一个参与者的学习内容、学习过程和学习行为的发生,如每一个微课程及相关教学材料、每一个交互式测验和练习等,都被"好大学在线"系统记录下来,将数以百万计的学习者在线学习的相关数据汇集成学习大数据。通过计算机分析,找出学习数据中蕴藏的问题和规律,使教师有针对性地及时调整教学方法和技巧,使慕课实现对大规模学习者的个性化教学服务。

基于多方协作的平台运行保障机制。上海交通大学成立了由校长牵头的慕课推进领导小组,增设了校级慕课研究院和推进办公室,投资近 2000万元用于慕课平台及课程建设,为慕课建设和可持续发展提供重要组织和资源保障。

上海交通大学与多个国际慕课机构合作共建中文慕课课程,探索建立开放、有序、共赢、常态化的合作模式。目前已有 8 门课程在 Coursera 平台运行,来自全球 6 大洲、179 个国家和地区的 16 万人次修读了这些课程;与英国 FutureLearn 签署合作协议,在互换课程基础上,将推进基于慕课的英国政府支持留学生来华交流项目,促进中英文化和教育交流。

具有完全自主知识产权的中文慕课平台"好大学在线",除了具备国外主流慕课平台功能外,还开发了知识图谱、自适应推送、慕课+SPOC 等特有功能。"好大学在线"的知识图谱,根据课程教学大纲,建立各知识点之间的关系,并与微课视频相关联,可系统直观地显示学生视频学习状态、学习进程和学习效果。"好大学在线"的自适应推送，通过记录学生的学习进程、掌握知识的领域和程度等数据，分析其学习能力，给出学业水平评价，并据此推送难易程度不同的课程学习内容和作业。"好大学在线"与百度合作，将平台构建在中国互联网第一入口、覆盖面最广的百度云服务平台（BCE）上，充分利用中国最大互联网企业丰富的网络资源，为课程大规模传播和覆盖提供了重要的互联网基础保障。

二、以能力培养为核心的基础系统优化机制

高等工程教育的基础系统指人才培养所需的知识、技术、方法和工具等，主要包括课程体系、教学方法、教学科研设施三大部分。基础系统的优化方向主要受到目标子系统的牵引，并与教学资源的数量与质量、基础设施的建设水平有关（见图 4-2）。基础系统的优化机制主要体现在贯彻内容贯通、强化工程实践的课程设计、以能力为核心的教学方法改革以及借助科技手段实现的在线课程推广。对于高校工科人才培养而言，建立"与时俱进"的知识体系、构建"回归工程"的内容结构是基础系统优化的基本要求。

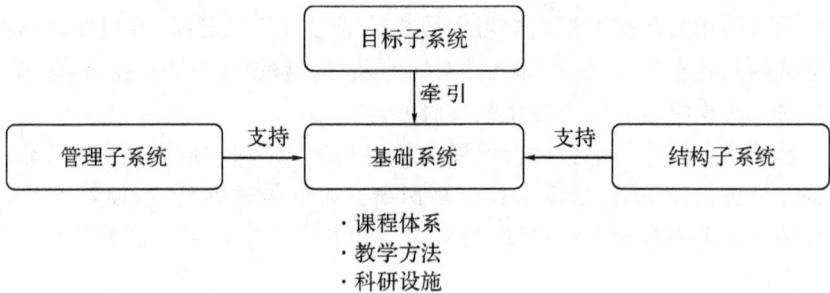

图 4-2　高等工程教育基础系统与其他子系统之间的关系

第三节 结构系统的改良机制

一、典型案例分析

（一）浙江大学竺可桢学院：搭建跨专业大类平台，培养复合型人才

浙江大学竺可桢学院是以老校长竺可桢命名的本科生荣誉学院。竺可桢学院学生由经过严格遴选的优秀学生组成，实行开放式办学和"自主进出入制"。前期培养阶段，被浙大其他学院录取的优秀学生经考核后可进入竺可桢学院学习，而一定比例的不适应竺可桢学院教学模式的学生可选择进入其他学院学习。竺可桢学院在人才培养上有两条主线：第一条主线是从新生中选拔，不分专业，搭建按文、理、工三个大类培养的主体平台。这是实行厚基础、宽口径的前期教育和自主型个性化的后期专业培养相结合的培养模式。学生进入竺可桢学院，先按文、理、工三大类，用一年半的时间进行基础和平台课程学习，然后根据自己的意愿选择主修专业，并实行导师指导下的个性化培养。这一模式体现了基础与专业、共性与个性的有机结合。第二条主线是，竺可桢学院与其他各专业学院共同建立起交叉复合型本科人才培养平台。这是一种面向全校优秀学生的专业外辅修的培养模式，建立了高级工程教育（即工高班）等特色课程体系和项目，采用团队合作、案例教学、社会实践、参与竞赛等方式，为交叉复合型本科人才的培养提供更广阔的途径。

竺可桢学院为学生提供了更多自主选择。如在四年本科阶段，混合班学生就有五次选择机会。第一学年末，学生可选择专业大类。第二学年末，学生可在全校理工类中任选专业；同一时段，通过双向选择，学生选择导师，开始进入实验室、课题组进行科学研究的训练；选择课程，选修课占 30% 左右，学生可跨系选课，鼓励学科交叉。第四学年免试保研的学生有机会选择研究方向。

（二）上海交通大学密西根学院：开展国际合作，快速建立国际一流学院

成立于 2006 年的密西根学院是上海交通大学和美国密西根大学两所中美顶尖大学全球战略合作、联合办学的成果。其目标是致力于在中国打造国内顶尖、世界一流的学院，使其成为培养新一代具有全球化视野的领袖

型人才的摇篮。

上海交通大学密西根学院是一个完全按国际一流大学标准和模式运行的国际化办学特区。该学院引进美国密西根大学的课程体系和教学方法，结合中国特色和上海交通大学的优异生源的特点，进行了包括一年级不分专业的工程基础课程平台、全部课程按照知识获取过程进行成绩管理与计算、与大型跨国公司合作进行毕业设计实践，将人文素养和软实力的培养全面渗透到第一课堂，实施用多角度的诚信意识锻炼高尚人格等一系列创新改革。经过近 10 年的努力，学院和密西根大学方面实现了教授互聘、学分互认、学位互授、课程共享、全英文授课，通过全方位的工程教育改革探索，在一流师资队伍建设、拔尖创新人才培养、办学体制机制改革等方面取得重要突破，走出了一条通过国际合作快速在中国建设国际一流学院的创新之路。2011 年 11 月，时任国务委员刘延东同志专门对上海交通大学密西根学院的成功办学经验做出重要批示，提出要借鉴和推广其成功经验，推动高教改革和国际教育合作，提高人才培养质量。2014 年，上海交通大学密西根学院获得国际教育最高荣誉奖之一的海斯克尔国际教育革新奖。①

(三)上海交通大学—南加州大学文化创意产业学院:联合办学，整合多方资源

上海交通大学—南加州大学文化创意产业学院(简称文创学院)由上海交通大学与南加州大学联合建立。文创学院旨在依托上海交通大学与南加州大学的优质教育资源，依托上海交大与地方及企业紧密联动的良好契机，依托上海交大校内相关工程学院、经管学院、媒设学院等成熟学科，建设多学科大跨度交叉国际化办学平台。文创学院通过整合政、产、学、地、外五方的有效资源，构建全新的文化产业人才培养体系，建设一个学科交叉融合、国际合作与产业联动的平台，为培养文化产业管理、技术、创意等领域急需的国际化交叉型创新人才提供有力支持。

文创学院首创了"三位一体"的导师组机制。导师组由学术导师、产业导师、外籍导师联合构成，为学生们提供全方位的教学指导，在"交叉学科＋产学互动"培养模式创新方面迈出了关键的一步。除了聘请校内知名教授、

---

① 上海交通大学密西根学院.上海交大密西根学院荣获海斯克尔国际教育革新奖[EB/OL].(2014-01-27)[2022-12-26]. http://www.ji.sjtu.edu.cn/cn/uncategorized-zh/2014-01-27/11491/. http://sh.people.com.cn/n/2014/0316/c134768-20785431.html; http://umji.sjtu.edu.cn/cn/

引进南加州大学老师作为学术导师外，学院更邀请了文创产业界各领域的领军人物和国际学术大师担任产业导师和外籍导师，打造融合科研师资、课程师资、实战大师于一体的国际一流师资队伍。未来文创学院的办学场地将直接开办在文化和科技产业园区，与产业融合，实现实验室与创意现场一体化，可直接节省文化创意产业教学中通常需要巨资配备的科技设施和技术环境设置，许多课程授课可在企业现场进行，文化产品工作室也可直接作为实验室和实践基地，直接为教师和学生提供关联产业需求的实地教学环境和同步更新的技术环境。

二、以资源集成为目标的结构系统改良机制

高等工程教育的结构子系统包括职权职责模式和等级关系，主要表现为以学科为基础的院校两级结构。中国高等工程教育的结构子系统受历史影响，一直采用的是苏联的体制。近年来随着办学改革的逐步深化，以学科为基础的结构系统没有发生根本变化，但跨学科、跨大类、跨学校的创新型人才培养机构正在形成，体现了结构系统改良的方向。高等工程教育结构系统的改良重点是构建与国际接轨、满足产业发展要求的组织结构，根本出发点是服务目标系统的重构设计，增强学科或专业的组织权利、优化配置校院两级的资源。结构子系统是实现其他子系统功能的宏观制度安排，结构子系统可通过建设制度特区，打破原有体制束缚，配套相应师资、课程与实践教学平台，汇聚多方资源，同步实现基础系统、管理系统等其他子系统的优化升级（见图4-3）。

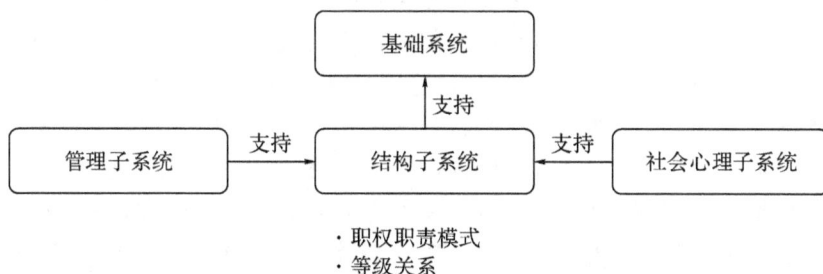

图 4-3 高等工程教育结构子系统与其他子系统之间的关系

第四节 社会心理系统的塑造机制

一、典型案例分析

高等教育系统具有多元化和松散性的特征。一方面,政府、社会、高校、教师和学生对高等教育的需求和设定目标不同,系统中同时存在多种不同甚至对立的价值观念;另一方面,由于高等教育系统学科门类繁多且性质不同,工作趋向独立,是一个松散的学术组织,所以高校不可以"一刀切"的方式对各个学院统一管理。鉴于此,高校需要采取多种方式影响和塑造系统内各成员的价值观念,增强系统的包容力和调和力,推动各方为提升教学质量、提高学生能力与素质共同努力。

(一)同济大学:不给辅导学生项目的老师增加压力

同济大学环境科学与工程实验教学中心的前身是创建于 1956 年的给水排水实验站,20 世纪 80 年代开始逐步构建独立的环境学科实验教学部门。实验教学中心以同济大学环境学科优势为依托,以学生的实践能力和创新能力培养为核心,经过长期的发展和几代人的共同努力,形成了"巩固基础、加强实践、发展创新"的三层次实验教学体系。目前,实验教学中心主要负责本科生的实验教学工作、学院设备管理工作、环境科技创新人才培养基地及创新实验的运行管理工作,承担环境工程、环境科学、给水排水工程等本科专业及其他相关专业的实验教学工作。

2009 年,实验教学中心获批为国家级实验教学示范中心建设单位之后,校院二级十分重视中心的进一步建设发展,在政策上建立了保障制度与运行机制,在资源上持续增加投入,在学科上充分依托国家重点实验室、国家工程研究中心等国家级研究机构,激励教学科研一线的骨干教师积极投入实验教学,共享仪器设备条件,形成了高水平示范中心建设的保障体系,实现了建设工作的有序高效进行。实验教学中心开设的环境科技创新实验,搭建了科研与教学紧密结合的平台,学生受益面达到 95% 以上,发掘出了以国家"挑战杯"特等奖获得者为代表的一批本科生拔尖创新人才。同济大学环境科学与工程实验中心在营造"教师积极辅导,学生主动参与"的氛围上有自己的独特经验。中心通过实验定位非成果导向、实验内容与实践对接、实验资源持续投入以及改革激励评价制度，实现了学生参与范围广（达到 95％）、教师积极用心辅导、创新成果丰硕的效果。

实验定位非成果导向。中心对于本科生创新实验要求不急功近利，没有硬性的成果规定。中心的创新实验主要是针对本科生开展的实验教学活动，以过程为主。创新实验的目的是希望本科生经历完整的实验过程，通过这个过程让学生们了解工程、了解实验。经历创新实验的学生在未来研究生学习或者产业就业时起步更高、适应能力更强。

实验内容与实践对接。中心持续设立一批与科研成果、工程实践紧密结合的实验教学项目，学生参与的很多实验项目直接来自工程领域，这样有两个好处：第一，学生们可以直观感受到环境领域的前沿需要以及宏观产业发展；第二，学生对行业的适应能力可得到显著提升。

实验资源持续投入。创新实验按照老师和学生人数分配，前沿学科和新兴学科都会紧密结合到创新实验的教学内容中去，中心会根据时代潮流更新教学体系结构。本科生实验教学经费主要来自学校的投入，本科生在创新实验当中参与项目时，经费来自课题组老师的项目、学院补贴、企业支持，其中老师课题组经费支持占大头。在项目实验耗材方面，每个学生的补贴为几百元。

改革评价和激励制度。中心承认带项目老师的教学工作量，教学工作量与职称评定挂钩，获奖项目还可获得其他奖励。带项目老师的工作量差不多相当于带毕业设计的工作量，带一个学生计算 0.05 个教学工作量，一个组最多可以带五个学生，加起来就是 0.25 个教学工作量。这一制度对于提升老师积极性有显著效果。近两年中心聘用的年轻教师较多，新进教师的教学工作量很难完成，这样的创新实验项目给他们提供了很好的机会。更为重要的是，中心在制度设计时很好地平衡了老师科研和教学的压力，保证带学生项目不会给老师造成压力，同时还会有其他的好处。在这样的制度牵引下，各个老师都乐意用心辅导学生实验及项目，整个中心实现了良好的教学互动。

（二）中南大学：将学习的自主权交给学生

中南大学全面修订人才培养方案，贯彻"将学习的自主权交给学生"的创新人才培养观，实施新一轮本科人才培养模式改革。新方案的突出特点是重基础、重实践、重创新、重自主。特色是：(1)实行模块式课程设置，强调"三基"的培养和训练，即夯实基础理论、熟练基本技能、完善基本环节。(2)

压缩总学时 300 多个,确保本科生周学时不超过 25 个学时,为学生留出更多的自主学习、自主研究的时间。(3)减少必修课程比例,扩大选修课程总量,为学生选修感兴趣的课程提供空间。(4)在课程体系上要求有学科交叉,有利于学生的交叉选题与研究。(5)增设课外研学学分,学生必须自主完成 8 个课外研学学分。

坚持以学生为中心的教学理念。打破传统课堂教学的"满堂灌",调动学生自主学习的积极性,把学习自主权交给学生,培养学生的自主学习能力、创新创业能力和批判思维能力。

拥有合理稳定的教学团队。拥有一支结构合理、能力突出、乐于教学的课程教学团队。团队至少由 3 人组成,以课程负责人为核心,通过分工协作、优势互补、共建共享教学资源,从教材、教案、课件、试题库、网络教学、教学方法手段、多媒体教学等多方面推进教学研究和课程建设,提高教学质量。

进行科学的教学设计。有完整的教学设计,教学目标明确,教学重点和难点突出。针对不同的教学内容,设计相适应的教学组织形式和教学方法。包括授课内容、教学模式、评价方式的设计,课内、课外的组织形式,知识、能力、素质全面提高的教学方法,实现信息化教学(如微课、慕课)的措施等。

实行开放式的教学方法。以学生为主体、教师为主导,形成活泼自由的教学气氛。由过去的以教师讲授为主向交互式、启发式、研讨式、案例式教学转变,根据课程性质的不同,采取课前导学、课内交流、课后练习、案例分析、课外研讨、专题设计、专题辩论、大型作业等方法,以及师生互动、生生互动、小组交流研讨等多种方式,引导学生自主学习和研究性学习,激发学生学习的主动性、积极性、创造性。开放式教学方法的比例要占总课时的 1/3 以上。

实行综合性的考核方式。加强过程考核,根据课程类型、课程性质、课程内容及特点,设计适合的考核内容、考核方式及成绩评定办法。重点考核学生获取知识的能力、应用所学知识分析问题和解决问题的能力、实践动手能力和创新能力等;采用多种形式(笔试、口试、答辩、测验、论文、报告等)、多个阶段(平时测试、作业测评、课外阅读、社会实践、期末考核等)、多种类型(作品、课堂实训、课堂讨论、社会调查、竞赛等)等考核方式;成绩评定要求过程考核成绩占总评成绩的比例≥40%。

二、以学生为中心的社会心理系统塑造机制

高等工程教育的社会心理子系统包括了两类不同的对象群体：教师和学生，该子系统需达到增强教师的责任意识和学生的主体意识的效果，从而提高教与学的效率。与其他子系统不同，社会心理子系统的塑造是个长期、持续的过程，需要目标子系统的牵引、基础系统的支持和管理子系统的协同，教师和学生群体动力的塑造既需要高校全面深化"以学生为中心"的教学理念，大力推广启发式研讨式教学，提升学生参与积极性，更与"能力与素质并重"的评价制度和激励制度等管理子系统密不可分（见图 4-4）。

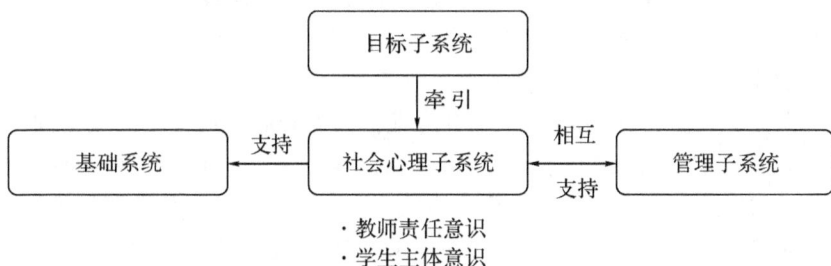

图 4-4　高等工程教育社会心理子系统与其他子系统之间的关系

第五节　管理系统的创新机制

一、典型案例分析

（一）上海交通大学：重视专业认证，建立评估考核体系

自 2007 年院校评估以来，上海交通大学的教学改革主要围绕各课程开展，通过发挥广大教师积极性，将知识传授与能力培养有机融合，落实学校人才培养理念。然而在专业建设层面，缺乏健全的专业评估体系和健全的评估机制来监督各专业的发展，部分专业长久以来缺少自律与持续目标，且尚未形成以"学生学习产出"为导向的评价标准。学校自 2005 年起使用至今的院（系）考核指标反映了学院的基本教学情况，在一定程度上起到了引

导和激励院（系）重视人才培养的作用。但也存在诸如：指标缺少过程考核；忽视文理医工差异，无法体现院系特色；院系本科人才培养资源分配与考核结果难以挂钩等问题。为此，学校以专业认证为抓手，修订院（系）考核指标体系，维护人才培养工作的核心地位，保障工科人才培养质量。

以人才培养质量提升为目标，扩大专业认证覆盖面。上海交通大学结合国内工程教育专业认证的实施，快速定位，主管校长亲自带领工作组召开全校工程专业认证动员会，并规划上海交通大学专业认证工作进展方案。在分析前期评估工作和专业建设积累的基础上，制定了"以点带面，长短期结合完成全员工程专业认证"的总体目标。学校投入大量经费，鼓励专业参照国内专业认证标准及 ABET 标准进行整改和内涵建设，并积极参加专业认证。通过此举，学校尝试建立以学生培养目标和毕业要求为质量依据的评估机制。

学校以专业认证为抓手，推动各专业提高教育教学质量。尤其面向"卓越工程师计划"专业，确立了专业认证目标：至 2020 年，卓越工程师计划专业 100% 通过工程教育专业认证。为此，学校根据工程专业认证标准和卓工计划专业特色标准，梳理相关文件要求，细化部署卓工专业参加专业认证的实施方案。通过推动卓工专业的标准建设，带动其他工程专业进行规范建设，促进专业整体水平的提升。

以工程专业认证为出发点，建立课程评估体系。课程是落实专业人才培养目标的核心单元，课程评估是提升教学质量的有效手段之一。上海交通大学传统的课程评估以督导听课和网上评教为主要方式，难以有效区分课程的"好"与"差"。工程教育认证工作为课程评估工作开辟了新的建设思路。学校借力工程教育认证工作的推进，在全校推广工程教育认证理念下的院校两级课程评估体系，校级完善课程评教，院系根据工程教育认证理念，做好课程的有效性评估和课程教学的持续改进机制。

学校首先根据学生毕业后 3～5 年内应具备的素质和能力确定学生毕业时应具备的能力，然后将任务或目标分解至学生上每门课程后掌握的知识/能力，最后将任务分解至每门课程相应的知识点。其次，学校通过课程评教，得到每门课程目标的评估结果，进行评估结果与培养目标的比对，确定这门课程的目标达成度。再次，针对每门课程，院（系）学术委员会根据教师的分析报告、课程的评教结果、之前改进措施的实施状况以及下一步的课程改进措施等，形成院系层面的课程分析报告。这样周而复始，通过对课程的循环评估和改进情况的分析,确定是否要更换课程、教师抑或是课程目标,从而促进课程质量的提升和教学持续改进机制的完善。

以目标考核结果为导向,建立院系考核机制。学校基于分析关键业绩指标法(KPI)对院(系)考核指标做了重新梳理和设计,抽取若干关键指标作为院(系)绩效的考核依据。在此基础上,进一步按照"前馈控制、过程控制、反馈控制"的质量控制方法,对考核指标体系进行设计,新的考核指标体系分为三部分:①公共指标部分,涵盖教学基础环节、教学实践、国际交流与教学效果4个二级指标,旨在强调教学规范,引入过程监控。②特色指标部分,涵盖课程建设、教学发展、教学改革与学生培养4个二级指标,旨在促进院(系)特色发展的前提下,调动院系积极性,强调教学共享。③负面清单部分,涵盖教学事故和教学过失2个二级指标,旨在保障教学,完善管理。在后续实施中,学校以院(系)配套改革工作为抓手,部署、实施新考核指标体系,形成院系间有竞争机制、质量为本的建设蓝图,培育更多教育教学成果,推动学校整体本科人才培养工作朝着"夯实基础、突出亮点"方向前进。

通过专业、课程、院系三级评估体系的建立,上海交通大学旨在构建以工程专业认证为抓手的人才培养质量控制体系。迄今为止,学校已有6个专业参加国家工程教育专业认证或ABET认证。通过认证,教学质量得到全面提升。

(二)华东理工大学:全面启动专业评估,建立教学质量状态数据库

加强顶层领导督导监控。校领导高度重视本科教学质量监控,"领导听课"制度已常态化,校领导深入一线听课,及时了解本科教育教学现状,为学校内涵发展收集宝贵的第一手资料,营造良好的本科教学氛围。学校持续开展常态化教学质量过程监控,以每学期试卷检查、毕业论文检查和随堂听课等为抓手,切实掌握一线教学活动开展状况,所有检查结果均及时反馈给各院系,以便落实整改。在随堂听课方面,重点关注需晋升职称教师的授课情况,以及各级各类精品课程的开课情况,辅以检查相关教学资料。

设立专业责任教授。学院设立专业责任教授,为其发卓越津贴。卓越津贴由学校发放到学院,学院根据实际情况进行分配。专业责任教授要带领学科方向发展,对专业的发展、认证和评估负责任,是学科建设的总负责人。专业责任教授有权力聘请核心课程的责任教授。

建设教学质量状态数据库。学校自2013年11月底启动建设教学质量状态数据中心。到2014年底相关功能已基本完成,并正投入测试使用。该

数据中心将涵盖学校、院系和专业等多层次、多维度的状态数据,实现了常态、及时、综合的数据管理与质量指标监控。管理者可全面了解与教学相关的各方面基本情况,极大地便利了管理决策工作以及质量预警信息反馈工作,有效支撑了教学质量闭环监控和持续改进工作的开展。

全面启动专业评估。按照《上海市本科专业合格评估标准》的要求,学校全面启动本科专业的评估工作,邀请校内外专家,对所有专业进行评估(新建专业以及参加过教育部工程教育认证的专业除外),从中遴选和推荐上海市优质专业。评估工作分为三个部分:其一,专业自评,由专业责任教授撰写和提交自评报告;其二,定量评估,专业责任教授根据标准对定量指标自我评分,专家据此进行审核评分;其三,组织专家组现场考察。评估结果除文字说明外,还用6个一级指标及20个二级指标的分值来显示,并通过采用红、黄、绿灯来直观表达专业各项指标的达标情况,反馈出该专业有哪些方面需要整改(红灯)、关注(黄灯)或保持(绿灯),为专业后续的内涵建设和持续改进提供了重要参考依据。

(三)华中科技大学:重视制度建设,构建教学质量保障体系

学校建立健全了标准化的质量保障体系,颁布了《华中科技大学本科教学基本规范》《华中科技大学本科生和研究生课堂教学基本规范》等教学规范文件和《华中科技大学教学质量优秀奖》《华中科技大学教学事故认定及处理规定》等一系列奖惩文件,坚持教学检查制度、干部与教师听课制度、校院系两级督导听课制度、课堂教学质量学生测评制度、新进教师授课资格制度、院系年度本科教学工作评价制度、教学事故认定与处理制度等一系列教学质量监控与评价制度,并将所有制度规范化、文件化,覆盖了"培养目标—计划管理—资源管理—过程管理—质量监控与反馈"的全过程,涉及教学工作体系的教、学、管各方面。

学校构建了"全员参与、全过程监控、全方位覆盖、监控反馈联动"的教学质量保障体系,质量保障体系由组织架构、制度保障、标准纲要、实施办法和反馈系统组成。教学质量保障体系具体包括以下四个方面。

教学计划保障。学校在本科教学水平评估后,多次召开本科专业人才培养计划研讨会,调整专业人才培养计划。特别注重了如下方面的保障:加大外语、物理等通识教育基础课程的改革力度;注重引导学生主动学习,鼓励将研究性学习列入人才培养计划;在各类课程学时分配中设置了课外学时,减少课内学时,为学生主动学习创造了条件;完善学科大类基础课程,建

立了学科大类课程分层体系,设置不同层次、不同性质的学科平台课程,以满足学科大类内部不同专业的需求。

教学资源保障。教学资源保障包括人力资源保障、教学经费保障、教学硬件设施保障、课程资源保障和实验室资源保障等。其中人力资源保障又包括师资队伍、教师师德建设、教师培训、本科教学奖励与约束机制等。学校设立并完善课程主讲教师制度,推进课程责任教授制度建设,获批国家级教师教学发展示范中心,逐年增加教学经费投入,在多个方面保障了教学资源的充足。

教学过程保障。教学过程保障包括招生过程的质量保障、教学过程的质量保障、教学文件档案的保障等部分。学校建立了党政"一把手"本科教学质量第一责任人制度,形成了学校领导联系院系、教学质量评价等一系列制度,有效加强了教学过程的严格规范管理。学校将院系建立教学管理制度、稳定教管人员队伍、严格执行各项学籍管理制度、学籍异动与毕业资格审核环节及时准确等项目纳入院系年度本科教学工作评估方案中。

检查反馈联动保障。学校把握人才培养过程中的关键环节和影响教学质量的关键因素,构建了"两期检查、五向反馈"的联动过程。"两期检查"是学期初教学检查和学期中教学检查;"五向反馈"是向学生反馈、向教师反馈、向院系反馈、向相关职能部门反馈、向学校领导反馈。

学校已建立起"两层次、三环节、多要素"的立体、网状本科教学质量评价指标体系,实现对影响教学质量的各个要素、各个环节、各个层次实施监控、评价和保障。

"两层次"指的是单项质量评价和整体质量评价,既评价教学过程中的具体环节和具体要素,也评价院系整体的教学状况,院系整体评价指标又根据学科大类进行细分。"三环节"指的是条件环节、过程环节和结果环节。对于条件环节,学校分别在师资队伍、课程建设、教材建设、教学改革、专业建设和实验室建设六个项目上制定有详细的管理规范。对于过程环节,学校制定了理论教学和实验实践教学的管理要求。对于结果环节,学校制定了各专业的具体毕业要求。"多要素"指的是在每个环节之下的具体项目中,学校又设立了若干要素进行详细考察。例如,在实验实践教学中,细分为实验教学、生产(专业)实习、毕业设计(论文)的评价指标。在师资队伍建设中,细分为教学质量奖、教学竞赛、教学团队的评价指标。课程建设中有精品课程评审指标。专业建设中有特色专业和品牌专业的评价指标。在一些审核要素下设立若干分要素,比如在普通课堂质量评价中,针对学生评教和专家同行评教分别设置了两类评价指标。

二、以质量提升为内涵的管理系统创新机制

高等工程教育的管理子系统是工程教育质量控制的主要环节,包括学制管理、教学计划、教学管理、教学评价和院系考核。管理子系统与目标子系统紧密相关,管理子系统中各种制度是基于目标系统中对培养对象和教学活动的要求来制定的。管理子系统可以保证基础系统的优化,课程体系和教学方法的持续优化需要管理机制的检查、监督和反馈。管理子系统与社会心理子系统相互依赖,可相互转化,正式的管理制度为社会心理的塑造提供制度支持,被广泛认可的组织文化又可以通过制度化变为正式的规章条例(见图 4-5)。

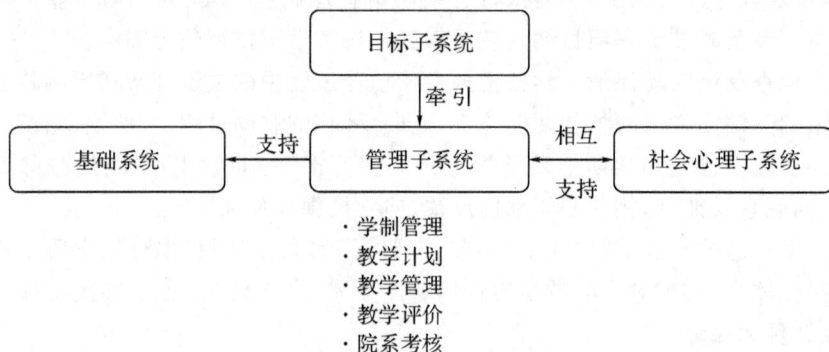

图 4-5　高等工程教育管理子系统与其他系统之间的关系

第六节　各子系统之间的关系

以系统理论分析复杂的工程教育体系有利于我们理清各个要素、过程和子系统之间的关系,为提升工程人才培养质量提供结构化思路。高等工程教育体系呈现出整体性、目的性和层次性的特征。根据案例呈现出的线索,我们认为各个子系统具有以下特点。

（1）整体性。各个子系统相辅相成，共同组成高等工程教育组织系统，各个子系统都是有机结合、缺一不可的，对其中任何一个子系统的过分强调都是无意义的。子系统各自承担起不同的作用和功能，单独依靠任何一个子系统都不能实现组织系统的整体目标。例如浙大工高班以培养复合型人才为目标，确定了工程基础、工程设计、工程管理与工程实践匹配互动的改革方向，设计了相应的 DTIL 特色计划，通过竺可桢学院这一跨学科培养平台，最终完成高素质工科创新人才的培养。

（2）关联性。子系统之间有机联系、相互影响，各个子系统功能的实现需要其他子系统的配合，同时一个子系统的变化也会引起其他子系统的改变。例如，社会心理子系统的塑造需要目标子系统、基础系统、管理子系统的支持，当社会心理子系统发生变化时，其他子系统也需进行相应改变。为营造学生自主学习的氛围，中南大学全面修订人才培养方案，缩减总学时，通过开设开放式精品示范课堂调动学生学习的积极性。为增强教师的责任意识，同济大学改革评价和激励制度，承认老师带学生参与项目的工作量，提供奖金、晋升方面的激励，最终实现老师积极找学生辅导项目。

（3）协同性。各个子系统之间应存在目标一致的协同，即当各个子系统围绕相同的目标和使命运作时才可能保证组织整体目标的实现。在高等工程教育体系中，目标子系统是"灵魂"，其他子系统都在高校使命的指引下改良优化。目标定位的不同决定了高校培养方式改革重点的不同。例如清华大学致力于培养创新创业人才，设立技术创新创业辅修专业，重点打造"星火班"、学生科技兴趣团队、"创客空间"、"X-Lab"、校园实验室（CampusLab）等多个各具特色的"三创"教育平台。中南大学依托行业优势，重点培养工程科技人才，学校与大中型骨干企业联合建立的国家级工程实践教育中心为其实践育人提供了有力支撑。

第五章 高等工程教育体系建构路径

为进一步提高工程教育质量，主动应对新一轮科技革命与产业变革，支撑服务创新驱动发展、"中国制造 2025"等一系列国家战略，2018 年、2020 年，教育部先后公布实施 1457 项"新工科"研究与实践项目。项目实施以来，新工科研究与实践进展顺利，一大批优秀建设案例涌现。案例研究是对现实中某一复杂、具体的现象进行深入、全面的实地考察，是一种经验性的研究方法(孙海法等，2004)，也是工程教育研究常用实证研究方法之一。Yin(2017)认为案例研究适合回答"怎么样"或者"为什么"的问题。根据案例选取数量的不同，案例研究可分为单案例研究和多案例研究，其中多案例研究遵循复制法则，对每个案例进行比较分析和相互检验，适用于搭建知识结构的框架，且研究结论更具全面性和说服力(Yin，2017)。因此，本书遴选"新工科"研究与实践最佳实践项目 8 个，通过翔实分析项目建设背景、重点举措、项目特色与有效成果等实践材料进行逻辑复制，概括提炼后疫情时代国际政治经济格局巨变背景下中国特色工程教育体系构建的路径方向、核心特征与关键要素。

本书分析了我国工程教育体系演化发展路径，研判新时代中国特色工程教育体系面临的重大挑战和机遇。该章通过对典型案例剖析，进一步总结提炼新时代工程教育体系发展的新范式，从面向知识创新体系和面向产业创新体系这两个维度，研究提出建构中国特色工程教育体系的实践路径。

第一节　面向知识创新体系

一、华东师范大学数据科学与工程专业

（一）建设背景

1. 信息技术与数据新能源催生新生数据专业

互联网技术的快速发展和广泛应用深刻"改变了人和人的连接"，从而革命性地改变了人的社会关系，进而重塑了经济关系，新兴数字经济应运而生。新经济变革表面上源于互联网和计算机科学等信息技术，实则依赖于社会经济关系重构过程中产生的数据，数据已然成为新时期新经济的新动能。由大量数据构成的信息空间推动着知识结构由二元空间向三元空间跃迁。传统数据相关专业（如计算机、电子信息技术、数学等）既难以准确定位数据专业人才培养理念和培养目标，也不能全面、准确、高效地培养新经济所需的数据人才，大数据分析人才以及具备数据头脑意识的管理人才有相当大的缺口。因此，遵循知识体系演化规律，打破传统数据相关学科知识体系碎片化，建设数据科学新生专业，探索"数据科学与工程"全新人才培养机制，打造可复制、可推广的数据科学与工程专业建设整体解决方案，培养能充分发挥数据新能源价值、具有设计思维和数据思维的系统架构师、数据科学家、算法工程师势在必行。

麦肯锡全球研究院等一些机构的研究报告显示，当前大数据分析人才以及具备数据头脑意识的管理人才有相当大的缺口。如何满足行业对数据人才的需求，成为高等教育界面临的一大挑战。华东师范大学结合地处我国经济中心上海市的区位优势，梳理自身在数学、计算机科学和信息技术领域的科学研究优势及专业建设经验，领先布局数据科学与工程专业建设。2012 年，华东师范大学云计算与大数据研究中心成立，开始大数据人才培养。2013 年 9 月，华东师范大学数据科学与工程研究院成立，通过在软件工程学科下自设数据科学与工程二级学科，进行研究生培养。2016 年 9 月，华东师范大学数据科学与工程研究院升级为学院。2017 年 3 月，华东师范大学获批数据专业（080910T），对接软件工程一级学科下的数据科学

与工程二级学科。2019年,华东师范大学数据科学与工程专业正式开始招收高考生。

2. 数据专业建设推动人才培养改革

培养目标:能充分发挥数据新能源价值的高端信息技术人才

在"应用驱动创新、开放成就创新"的基本理念下,华东师范大学数据科学与工程专业旨在培养能充分发挥数据新能源价值的高端信息技术人才,其具体培养目标包括:1)具备理工科从业者所需的政治、科学、人文社科素养;2)具有扎实数据专业基础理论知识;3)具备出色动手实践能力;4)具备成为各行业领域系统架构师,或数据科学家,或算法和系统工程师的知识和技术能力;5)具备成为大数据系统核心技术研发人员,成为"造车人"而不仅是"驾驶员"的知识和动手实践能力;6)具备进一步开展数据科学与工程领域科学研究所需的基础知识和动手实践能力。

培养计划:突出数据素养培养,配套相关知识能力

华东师范大学数据科学与工程专业本科阶段以培养数据思维、设计思维,点燃数据科学与工程学习兴趣,形成利用云计算平台和利用开源、回馈开源的能力,养成动手实践习惯为主要目标,通过课堂讲授、项目实践、应用调研与考察、课外创新等形式,在构建学生知识体系的同时锻炼学生理论联系实际的能力。

在培养方案方面,华东师范大学数据科学与工程专业教学内容涵盖数据科学、数据工程和领域应用三个重点模块。其中,数据科学模块重视加强应用数学的课程教学,摒弃DTP(定义、定理、证明)式的教学方式,加强基础训练和算法实践的结合,加强学生数理统计、矩阵计算、计算数学与优化的训练,为机器学习、人工智能等知识的学习奠定基础;数据工程模块着力改变"百科全书"式的教学,对原有计算机课程进行裁剪、组合,并补充新知识、新技术,使之更贴近工程实践现状;而领域应用模块则强调数据的全生命周期管理与处理。

在课程体系方面,华东师范大学数据学院启动了CST计划,即专业培养方案(curriculum)、系列课程大纲(syllabus)和系列教材(textbook)制订计划。确立以下8门课程为数据科学与工程专业核心课程,即:

- 数据科学与工程导论
- 数据科学与工程数学基础

- 数据科学与工程算法
- 应用统计与机器学习
- 当代人工智能
- 云计算系统
- 分布计算系统
- 当代数据管理系统

华东师范大学数据科学与工程专业的 2019 级课程培养体系如图 5-1 所示。

	第一学期	第二学期	一暑期	第三学期	第四学期	二暑期	第五学期	第六学期	第七学期	第六、七、八学期，三暑期
基础/导论	线性代数	高等数学（2）		DaSE导论				AI导论		选修课；深度学习；IR+NLP；CV+MM；高级DBMS；事务处理；智慧城市；社会计算；区块链；设计思维；电子商务；商业分析…实习实践毕业论文
	高等数学（1）			概率论						
		程序设计								
计算机理论		数据结构		算法设计与分析			DaSE算法			
		离散数学								
系统				计算机系统	操作系统		数据管理系统	分布式编程模型与系统		
实践		Web编程	数据可视化		数据伦理		计算机网络原理与编程		软件工程	
数据科学					数理统计			机器学习		
					DaSE数学					

图 5-1　2019 级数据专业本科生培养体系

（二）配套举措

1. 组织保障，成立数据专业建设工作组

华东师范大学数据科学与工程专业从设立之初即着手建立一支教学经验丰富、科研能力突出、产学研能力综合的教师团队，专门成立包括本校和 15 个兄弟院校负责数据专业以及相关核心课程建设教师 30 余人的数据专业建设工作组，共同指导本专业培养计划制订、核心课程建设以及教材编写。在此基础上，华东师范大学数据科学与工程专业成立了教材编写小组，并邀请相关领域专家担任咨询顾问，攻关数据专业核心课程教材的编写工作；成立课程小组，承担核心课程建设任务；成立教师工作小组，分别对每一

91

类课程大纲进行设计;成立教学委员会,定期听课并举办听课效果反馈和研讨活动;成立咨询委员会,邀请国际知名专家指导培养方案设计、核心课程建设、实习实践方向的确立。

2. 开源协同,兼顾规模化及个性化教学

华东师范大学数据科学与工程专业教学方式改进的一个重要举措是贯彻"云上生存,开源融合"的理念,即强调云计算平台使用、设计、实现的能力,以及开源协同的工作方式。这一举措弥合了课堂教学与学生走出校门以后工作环境之间的差距与鸿沟,也通过在开源社区保留代码、快速搭建和完成实践作品等方式激励学生更多动手实践;此外,华东师范大学自主研发在线实践实训平台 KFCoding,与专业课程紧密结合,在提供教学功能的同时,记录学生学习与实验、实践、实训的数据,"数字轨迹"对追踪学生学习情况、发现困难、个性化指导、学生激励起到了重要的作用,解决了工程教学规模化,以及规模化下的个性化教学问题。

3. 应用导向,突出工程实践能力评价

为培养学生在解决真实问题过程中形成"应用驱动创新"的理念,让学生掌握应用创新方法,具备运用发明工具、实施工程的能力,华东师范大学数据科学与工程专业课程中强调实验和工程实践所占比重,对于除数学类课程(包括数学基础课和数据科学与工程数学基础)的其他课程,都设置了不少于 1/3 的实验和工程实践教学内容;通过企业联合实验室和实践基地,华东师范大学将企业真实项目引入数据科学与工程导论、当代数据管理系统、当代人工智能、分布计算系统、云计算系统、数据挖掘等课程,进一步拉近学生与真实工程项目距离。在学生评价与人才激励上,华东师范大学配套增加了工程实践能力在学生考核、评奖评优中所占的比例,以学生所完成的工程作品质量和效果作为衡量学生能力和人才培养质量最主要的指标,同时通过企业奖学金捐赠等形式实现学生质量的社会评价,提高数据人才学习动力和从业激励。

4. 平台建设,推动产学研一体化

华东师范大学数据学院 2019 年申请并获批建上海市大数据管理系统工程研究中心。该中心重点对接教育、物流、金融、电信等行业,与创新型企业形成战略合作,建立联合实验室和成果转化基地,从企业和行业的大数据应用场景中抽象出研究和工程问题,联合高校和企业的研发力量一起攻克工程问题，通过企业实现技术成果的推广和产业化，并在此过程中培养国家急需的大数据基础软件人才。对于具有创新性和高价值的大数据系统、工具和平台，大数据管理系统工程研究中心致力于推动其产业化。一方面，在企业的实际应用场景中对自主研发的产品与技术解决方案进行验证。另一方面，对于有成效的产品和方案，工程研究中心将通过多种方式，联合投资方、企业和应用单位，对其进行孵化和推广。

（三）成果与特色

2017 年以来，华东师范大学数据学院团队先后获得上海市和教育部科技进步一等奖，以及国家科技进步二等奖，部分获奖成果已经融入数据专业教学内容；2019 年，华东师范大学数据科学与大数据技术专业（数据专业）入选首批国家级一流本科专业建设点。

本案例实践特色主要体现在以下三方面。

第一，坚持需求引导下的应用驱动创新。数据驱动的新经济时代引发对于高级数据工程人才需求的巨大缺口，华东师范大学率先探索新生数据专业建设，以应用驱动创新为基本理念，锻炼学生从应用中找问题的能力，提高学生解决实际问题的意识。

第二，形成了产学研用协同育人平台。华东师范大学数据学院在已有上海市工程中心、7 家联合实验室、10 家企业实践基地的基础上，构建了理论实践应用结合的协同育人平台，切实保障数据专业毕业生亲临工程实践真实情境，减轻企业再培养压力。

第三，在数据综合型人才培养方面探索了一条行之有效的道路。华东师范大学数据科学与工程专业培养的系统架构师和数据科学家，具有充分利用云计算和开源社区资源的能力，最终能够满足新时期实践对"度身定制"信息化系统的人才需求。

二、中国科学技术大学"工十理"量子信息科学

（一）建设背景

1. 物理学进步引爆量子信息革命

20 世纪初，由量子力学建立而催生的第一次量子革命，导致了原子能、半导体、激光、核磁共振、超导、巨磁阻和全球卫星定位系统等重大技术的发明；20 世纪 90 年代以来，量子调控技术的巨大进步又使得人类可以对光

子、原子等微观粒子进行主动的精确操纵，从而能够以一种全新的"自下而上"的方式利用量子规律。作为量子调控技术的系统性应用，量子信息科学——包括量子通信、量子计算、量子精密测量等——可以在确保信息安全、提高运算速度、提升测量精度等方面突破经典技术的瓶颈，为能源、信息、材料和生命等领域重大技术创新的源泉，为保障国家安全和支撑国民经济可持续发展提供核心战略力量。习近平同志于 2013 年 7 月在中科院考察工作时指出："科学家们开始调控量子世界，这将极大推动信息、能源、材料科学发展，带来新的产业革命。"①

量子通信、量子计算等新兴产业发展亟须培养理科基础扎实宽厚、具有创新创造性的新型量子信息人才。然而新兴或潜在的量子信息技术是量子力学与多学科交叉所衍生出来的，传统的工科人才由于在物理学知识体系上存在量子力学及其衍生学科的知识不足等问题，在理解和发展量子信息新技术时受到了一定的制约。

2. "以理带工、理工结合"的量子信息专业建设

为了适应量子信息新工科人才的培养，解决新工科中量子信息专业建设的若干关键问题，中国科学技术大学利用其在量子信息科研与学科队伍、理工交叉学科建设基础和实践等方面的良好基础，调研国内外知名高校交叉学科建设经验，根据量子信息科学的学科特点及未来发展前景确定量子信息新兴专业人才培养方案。

首先，根据量子信息新工科"以理带工、理工结合"的建设思路，中国科学技术大学成立了以量子信息与传统网络安全相结合的网络空间安全学院，采用信息、物理、计算机、数学多学科共建的方式，将量子信息新工科人才的培养模式与传统工科结合。通过进一步优化和拓展量子信息相关课程建设，组织撰写相关教材，以及以量子信息理科研究带动解决网络空间安全工科中的问题，中国科学技术大学把量子信息和网络安全的结合作为第一个突破口，在多学科交叉融合的实践中探索理科和工科中的新问题。例如，在量子信息与网络空间安全双一流学科人才培养中，中国科学技术大学在网络空间安全专业系统安全方向课程中，专门安排了量子物理和量子信息与安全的学位课程（见表 5-1）。

---

① 非凡十年 创新聚能 打造量子科技发展体系化能力［EB/OL］.（2022-08-26）［2022-12-22］. htpps://News. cctv.com/2022/08/26/ARTlrBHfDC4lx9d9MkYSmU9z220826.shtml.

表 5-1　系统安全专业三四年级部分"专业方向课程"(27.5 学分)

学科分类	课程名称	学时	学分	开课学期	建议年级
数学类 3	数理逻辑	60	3	春	3 年级
物理类 5	量子物理	60	3	春	3 年级
	量子信息与安全	40	2	秋	4 年级
计算机类 19.5	编译原理和技术(H)	60/40	4	秋	3 年级
	数据库基础	40/20	2.5	秋	3 年级
	操作系统原理与设计(H)	60/40	4	春	3 年级
	软件安全与测试	40	2	秋	4 年级
	网络算法学	60	3	秋	4 年级
	无线网络及其安全	40	2	秋	4 年级
	黑客反向工程技术	40	2	秋	4 年级

(二)配套举措

1. 组织管理先行:成立新工科量子信息专业建设指导委员会

中国科学技术大学教务处、研究生院、信息学院和物理学院的相关教授联合成立新工科量子信息专业建设指导委员会,经过对国内外相关高校和企业进行调研,并通过充分的交流和讨论制订学科建设的纲领性文件,负责对学科建设过程进行指导和对学科建设效果进行评估;新工科量子信息专业指导委员会成立后建立执行小组,负责细化执行条例,制订学科培养计划,规划专业方向,建设课程体系并形成培养标准。指导委员会现已为从本科生到研究生的各层次学生制定了相应的模块化培养方案,并施行学制改革,结合海外留学共同培养等措施,提升人才培养的效率和灵活性。

2. 广泛设置特色课程,满足不同学生需求

中国科学技术大学在全校范围广泛开设量子信息相关课程,如在理科类院系开设"量子信息导论"(本硕贯通),在工科类院系开设"量子信息与安全导论课程",在物理实验教学中心开设本科 5 级实验课程"纠缠源的产生与应用"以及"量子保密通信实验"等。在本科大学物理实验中,课程设置了包含量子密钥分发、纠缠光子制备等内容的量子信息实验模块,方便同学对量子信息技术产生直观感受和实践经验,培养学生有新工科特色的创新思维和科研素质。同时,中国科学技术大学专门在物理学院开设了"量子信息

导论"、"量子信息物理"和"量子信息技术"等侧重点不同的课程,供全校不同背景和不同程度的同学自由选课,以提高全校学生的量子信息素养。

3.转换聘任用人机制,改革教师绩效评价

根据量子信息与网络空间安全结合的特点,在人事管理制度上,中国科学技术大学积极转换聘人用人机制,网络空间安全学院在原有师资队伍的基础上,采取校内部分教职员工转入、部分教职员工兼聘、聘任外单位专家学者的方式加强师资队伍建设。在人员薪酬和考评激励上,中国科学技术大学人才岗位试行与国际接轨的年薪制,强化激励导向作用,以薪金分配为切入点,进一步调整规范分配制度,加大以岗位和绩效为重点的薪酬制度改革力度,注重推动在一线从事交叉方向科研的教师在新工科相关专业授课,建立并完善具有较强竞争力的科学评价和分配激励体系。

4.积极创业,推动产学研用协同发展

量子信息学科研究人员不仅在学术研究上取得了重大的科研成果,在科技成果转化方面也做出了成功的示范。由量子信息科研成果转化形成了以科大国盾量子技术股份有限公司、安徽问天量子科技股份有限公司、国仪量子技术有限公司等为代表的新兴科技产业,生产量子通信产品、提供网络安全解决方案和研发精密测量仪器。这些公司可以就近获得量子信息学科培养的人才。同时,中国科学技术大学网络空间安全学院已与企业、科研单位共同建立联合实验室十余个,通过企业实习、科研项目合作和企业博士后工作站等方式,进一步促进量子信息学科新工科研究成果转化,以提升学生实战能力。

(三)成果与特色

当前,中国科学技术大学已将"量子信息与网络安全学科"建设纳入双一流新兴交叉学科,中国科学技术大学网络空间安全学院入选国家首批"一流网络安全学院"示范建设项目。同时,中国科学技术大学与中国电子科技集团开展战略合作,在网络空间安全学院框架下,成立网络安全专业创新试点班"王小谟网络空间科技英才班"(首批招生26人),为国家探索高端网络信息人才培养的新体制、新机制,为在网络安全方面具有特殊培养潜质的青少年提供一个更好的成长和成才环境。

本案例实践特色主要体现在以下三方面。

(1)研究带动下的新学科建设——"以理带工、理工结合"

在量子信息等新兴前沿交叉学科的带动下,中国科学技术大学进一步发挥数理基础坚实的特色,以理科基础促进工科、以工科需求牵引理科,深化改革理工结合的学科融合思路,开辟了新工科新兴专业建设的有效路径。其在人才培养中贯彻这一思路,有利于培养未来新兴产业和新经济需要的创新能力强、工程实践能力强、具备国际竞争力的复合型人才。

(2)注重学科交叉、协同创新

按照以科研需求引领人才培养的思路,中国科学技术大学不仅产生了量子信息等前沿交叉方向,也使传统工科萌发了有鲜明创新特色的方向。例如:快电子学专业与高速量子通信等需求背景结合,为量子通信、量子计量等方向提供了高速电子学、精密电子学等专业支撑;微电子、微纳光学等方向与量子信息核心器件的发展需求结合,探索新方法和新技术。

(3)产学研结合

目前,中国科学技术大学物理学院与信息学院已经联合培养了多名量子信息方向的博士毕业生,其中大部分在安徽国盾、安徽问天、国仪量子、华为、百度、中电集团等企业继续从事相关的技术和工程研发、管理等工作。此外,该校信息学院与安徽问天公司等企业展开合作,培养了一批量子信息方向的工程硕士,进一步提升了该方向产业人才的素质水平。

三、大连理工大学化工过程安全与控制工程专业

(一)建设背景

1. "石化智能工厂"亟须配套"智能石化"人才

2017年,"人工智能"被首次写入我国政府工作报告中。2019年,两会政府工作报告首次提出"智能+",希望通过信息化和工业化的深度融合,实现结构调整、产业升级,改善企业在工业化经济中所存在的高消耗、高污染等问题,实现资源、能源的合理利用,以支持绿色、低碳的发展战略。为此,中国石化企业提出了"石化智能工厂"建设的概念,即面向石化生产的全产业链环节,将新一代信息通信技术与现有石化生产过程的控制和工艺技术进行深度融合,实现工厂横纵向、端到端的高度集成,提升全面感知、预测预警、优化协同、科学决策四项关键能力,以更加精细和动态的方式提升工厂运营管理水平,并推动形成工厂新型运营模式。智能化工厂建设,迫切需要传统化工人才培养体系进一步改革发展、提高质量,以充分应对人工智能技

术发展及智能制造背景下的化工行业新型高级工程科技人才需求。

2. 石化智能工厂背景下的化工专业改造与新生

大连理工大学面向化工智能优化制造的国家重大需求,立足本校化学工程与工艺、安全工程、自动化等专业,依托"化学工程与技术""安全科学与工程""控制科学与工程"等一级学科优势,培育建设"化工过程安全与控制工程"多学科交叉的新工科特色专业,促进化工与安全、控制等学科的交叉与跨界整合,并将其成功经验用于传统化学工程与工艺专业的升级改造。

"化工过程安全与控制工程"新专业的人才培养目标为:适应国家新工科人才培养需要和化工智能制造国家重大需求,培养身心健康、具有创新精神、初步具有化工智能制造和过程安全调控的工程技术复合型人才。重点培养学生的化工过程设计优化能力、化工过程本质及安全控制设计能力,以及利用新技术设计智能化工过程的能力。其培养特点为导论引进门,实践收口来检验,工艺—安全—控制"三位一体"多学科交叉复合培养。

(二)配套举措

1. 智能引领,先行培育智能化工相关课程

2016年开始,大连理工大学化学工程与工艺专业在进行专业培养方案大修订时,在广泛调查研究的基础上,及时调整培养目标、毕业要求和课程体系,已经先行开始化工智能过程人才培养的课程培育工作;在专业必修课程中,增设"化工过程安全""化工设计实训"等课程,其中"化工过程安全"课程中强化过程控制与安全的概念和实践;在"化工设计实训"中强化过程管理、过程设计、过程安全评价、过程控制等要素,与现代化工相结合,与时俱进进行人才培养实质性改革。

新增课程多设置实践环节,课程实践环节设置特色部分和公共部分:公共部分各课程接力分项指导完成,形成连贯一致的能力培养链条;实践教学环节以培养学生解决新时代化工智能过程领域复杂工程问题能力为目标,以特定教学主题为载体,分项能力培养(各课程实践环节)和综合素养提升(创新实践设计)相结合推进教学。各课程实践环节采用案例教学/研究报告/集体研讨等多种形式实施。创新实践设计环节学生按照4~6人分组,集体协作攻关,根据学生意愿与兴趣,可选择参加"全国大学生化工安全设计大赛",也可选择参加"化工智能过程新工艺技术研发",形成论文/专利等成果。大连理工大学积极推荐学生优秀成果参评"挑战杯""创新创业设计

大赛"等相关学生赛事。

2. 尖端突击,创建"化工智能过程创新实践强化班"

2018 年 3 月起,大连理工大学经充分调研论证,决定筹备创建"化工智能过程创新实践强化班"(以下简称强化班)。依托现有化学工程与工艺专业大类人才培养平台,大连理工大学结合国家化工智能过程建设需求,以工艺过程优化为主线,融合安全(过程、设备、管理)和先进控制,构建课程模块。采用基于项目学习、竞赛牵引的教学模式,系统地学习化工工艺过程优化、安全(过程、设备、管理)、先进控制等多学科交叉课程,使学生掌握化工智能制造方面的基础知识;通过实战训练,提高学生对化工过程、化工安全及控制、化工智能过程等方面的设计能力。强化班总学分为 15,其中理论教学 7.5 学分、实践教学 7.5 学分,根据人才培养目标与教育规律,学时设置体现了"厚工艺,强安全,懂控制,讲伦理"(工艺 4.5 学分,安全 5 学分,控制 2 学分,伦理 1 学分)的原则。强化班每年的教学主题根据国家化学工业发展进程中的重大需求,选择某一工艺过程来确定,围绕教学主题设定课程及其内容,每年持续改进。

目前大连理工大学化工智能过程创新实践强化班的主要课程设置见表 5-2(按大连理工大学的要求,强化班 15 学分结业实践学分点比不小于1/3)。

表 5-2　课程设置及授课要求

序号	课程名称	总学分	讲课/实践学分	开课学期
1	化工智能过程导论	1	0.5/0.5	春
2	化工风险辨识与评价	1	0.5/0.5	秋
3	化工过程智能优化技术	2	1/0.5	秋
4	化工流程模拟与事故仿真	1.5	0.5/1	秋
5	过程伦理与安全文化	1	1/0	春
6	智能制造工艺技术与进展	2	1/1	春
7	先进过程控制基础与应用	2	1/1	春
8	化工装备安全与控制	2	1/1	春
9	智能供应链管理	1	0.5/0.5	秋
10	化工智能过程创新实践设计	2	0.5/1.5	秋

3. 内外结合,加强师资队伍建设

大连理工大学化工与环境生命学部利用多学科统筹的管理优势,组建由化工、化机、信息学院教师及管理人员组成的跨学科、跨专业的化工过程安全与控制工程专业教学团队。在外部,大连理工大学积极聘请如清华大学赵劲松教授、中石化李德芳教授等高校和企业兼职教师;通过引进国际化师资队伍,学校一方面提升教师国际化经历,另一方面引进国际上学术大师或者教育学者参与人才培养,营造和谐的国际化人才培养平台。

4. 以学生为中心,改进教学与评价方式

大连理工大学倡导"以学为中心"的理念,实施面向学习过程的教学方法改革,推广问题导向型、案例教学型、团队型等教学模式,培养学生的学习兴趣、创新勇气和研究与探索精神。为全方位、科学性考查学生的智能化工技术性知识和实践能力,大连理工大学新建成的化工智能过程创新实践强化班打破现有专业培养中以考试为主体的成绩考核模式,采取多方式考核。其中授课课程采取"大作业+考试"的形式,训练环节采取"团队合作、多内容考核"的形式;加大形成性考核力度,逐步加强调研报告、讨论式成果等内容。

(三)成果与特色

2016年开始,大连理工大学潘艳秋教授组织建设"化工过程安全""化工设计实训"等课程,并分别在2016级、2013级本科生中开始实践。目前两门课程已经开设两轮以上,形成了两支结构合理、教学经验相对成熟的师资队伍,培养学生均超过800人。2018年10月,大连理工大学"化工智能过程创新实践强化班"首批招收化学工程与工艺专业30名本科生,利用其课余时间进行特色人才培养,目前已开始授课,预计2020年6月学员结业。

本案例实践特色主要体现在以下两个方面。

(1)挖掘学科教学资源,建设高水平师资队伍

大连理工大学紧密结合国际国内智能化工建设成果与趋势,适时调整课程体系和教学内容,结合现有化学工程与工艺专业的培养内容,注重课程内容衔接,提高化工智能过程人才培养水平,建设了一支校内校外结合的高水平师资队伍。

(2)设置递进式化工智能过程人才培养试点工作

大连理工大学顶层设置了四步走的化工智能过程专业人才培养试点阶

段,包括在化学工程与工艺专业中先行培育相关课程、课余创新实践强化班试行课程体系、在化学工程与工艺专业设方向进行老专业和新专业课程衔接尝试、申请新专业的全面培养。渐进式推进新工科项目的优质完成。

四、东南大学网络空间安全专业

(一)建设背景

1. 网络安全关乎国家安全,网络安全人才培养不足

网络空间已成为继陆地、海洋、天空、外空之外的第五空间,移动互联网、物联网、工业互联网等新技术、新应用的出现,使虚拟的网络空间和现实世界深度融合,由此带来的能源、电网、交通等国家关键信息基础设施的安全、工业系统的安全、个人生物信息隐私保护和可穿戴医疗设备的安全等,成为网络空间安全面临的重要问题。习近平同志在中央网络安全和信息化领导小组第一次会议上强调,"没有网络安全,就没有国家安全","加强网络空间安全人才建设,打造素质过硬、战斗力强的人才队伍","要培养造就世界水平的科学家、网络科技领军人才、卓越工程师、高水平创新团队"。[①] 根据测算,2017 年,我国网络安全人才需求大约为 60 万,并将以年均 10% 左右的增长率持续增长,预计到 2030 年,网络安全人才需求将达到 100 万。

2. 新生网络安全专业建设需要多学科交叉复合

网络空间安全专业是多学科交叉复合的新兴工科专业。网络空间安全专业的多学科交叉复合特性对相关人才的培养提出了很高的要求:一方面需要和信息、计算机、数学、能源环境、电子等不同学科进行深度有机融合;另一方面该专业衍生出的社会工程学、安全工程管理、安全设计学等新兴专业方向涉及心理学、管理学等传统人文专业领域;网络安全人才的法律意识和知识还需要法律专业的介入;而由于生物识别身份鉴别技术是网络空间应用的安全基础,因此该专业特别需要与生物医学工程专业融合。目前依赖单学科或少数工科学科联合培养网络安全人才的方法,已难以培养出有效的网络空间安全新工科人才,难以满足国家战略需求和产业需要。

3. 东南大学网络空间安全学院率先垂范

东南大学网络空间安全学院面向新工科的建设需求,以解决国家战略

---

① 习近平.中央网络安全和信息化领导小组第一次会议[C].北京:新华社,2014.

需求和企业用人需要中迫切需要解决的网络空间安全问题为核心,联合共建学院和其他校内外单位,将"虚拟空间"的网络空间安全学科与"现实空间"的多个学科进行交叉复合,探索并制定网络空间安全专业人才的培养目标和规格。学院最终确定网络空间安全学科本科专业应该面向国家网络空间安全发展需要和人才需求,培养扎实掌握密码学、系统安全、网络安全、应用及内容安全等网络空间安全基础理论知识和技术方法,具备良好科学文化素质、实践能力、系统思维能力、解决问题能力、创新能力及国际视野,德智体美全面发展,深入了解该领域发展趋势,在我国网络空间安全、计算机、人工智能等领域能发挥领军作用的厚基础、宽口径、强实践的优秀人才。

在培养方案和课程体系上,东南大学根据网络空间安全学科本身具有跨学科的属性,面对网络空间安全覆盖面宽的客观现实,基于东南大学工科为主、多学科协调发展的优势,面向新工科宽口径的培养需求,构建了大专业平台基础+公共专业课程+特色专业方向课群的多层次、模块化、多学科交叉融合的培养方案(见图 5-2)。

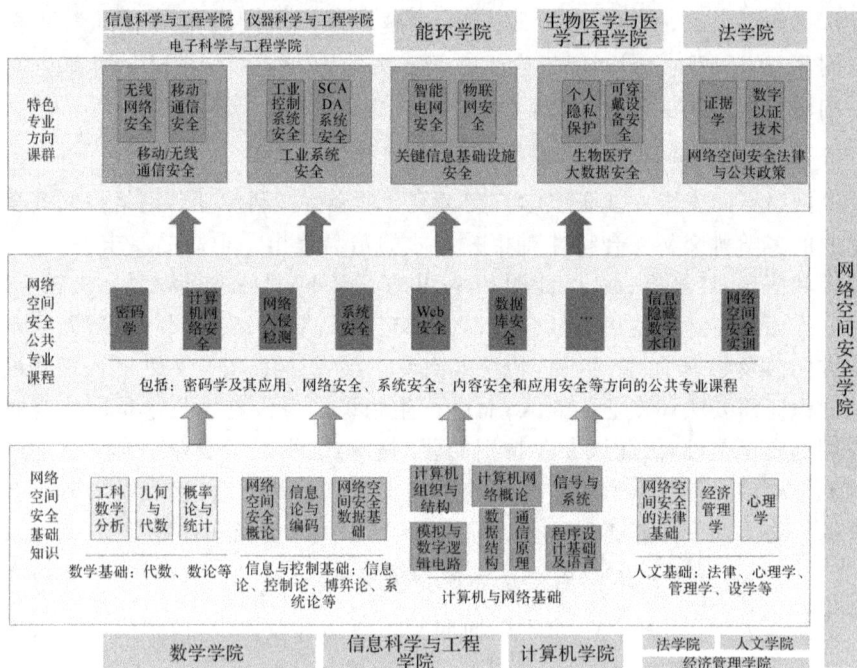

图 5-2　东南大学网络安全学院多层次、模块化、多学科交叉融合的培养方案

（二）配套举措

1．校企共建网络安全专业建设团队，创新学科交叉复合激励机制

为了保障项目的顺利开展，由张广军校长和名誉院长于全院士主管东南大学网络空间安全学院战略发展规划。在教学组织方面，学院成立了网络空间安全学院教学委员会，坚持来访与派出并重的原则，建设具有国际学术竞争意识和创新教学能力的师资队伍。同时，东南大学网络空间安全学院重视强化专业教师的工程实践经历，与烽火、中国电子、国电南瑞等中国重要行业领军企业联合建立多个教师的挂职锻炼平台，定期选拔优秀教师去企业进行挂职锻炼。此外，东南大学网络安全学院广泛邀请企业界的专家担任教学委员会企业委员，参与制定学生的培养方案，并聘请优秀企业工程技术人员和技术骨干担任本专业的客座教授、兼职教授等，形成"双导师制"。网络安全学院还与企业一起协作完成对学生工程实践创新能力的培养。

通过创新的管理机制，东南大学进一步吸引校内网络安全相关的教师在不同学院间交叉融合。例如，在网络安全学院进行的教学科研工作由网络空间安全学院进行评估考核和奖励，通过交叉融合建设核心课程及教学团队，优化教师队伍，完善教学管理体系和人才培养体系。对于信息、电子、计算机、法学等其他学院的教师为网络空间安全专业授课的教师，则设立了专项基金，在年终考核时对这些教师予以激励。

2．多学院共建跨学科创新研究中心，校企共建工程实践平台

东南大学网络安全学院目前只有网络空间安全一个专业，为了实现跨学科的融合，学院联合多个学院设立了10个跨学科研究中心，包括：互联网安全研究中心、移动网络安全研究中心、网络内容舆情安全研究中心、物联网信息安全研究中心、工业控制系统信息安全研究中心、智能电网信息安全研究中心、智能网联汽车信息安全研究中心、网络空间安全与法治研究中心、反洗钱与网络金融安全研究中心、网络群体智能安全研究中心。这10个中心分别负责不同方向的课程建设和对应领域的学生创新实践工作的指导。

在校企合作方面，学院和国内知名网络安全企业中国信息安全研究院有限公司、中国电子系统技术有限公司、大有数字资源有限责任公司签署了战略合作协议，和大有数字资源有限责任公司共建了"双结构网络安全实验

室",和天创科技共建了"IPv6 网络安全联合实验室",和中国电子系统技术有限公司、苏州市姑苏区人民政府签署了联合共建"网络安全联合创新中心"。为学生的实习实践提供了国内一线企业的平台。

（三）成果与特色

东南大学网络空间安全学科的发展逐步受到同行与专家的关注与认可。武汉大学、杭州电子科技大学、国际关系学院、黄河科技学院等多所国内院校调研学习东南大学网络安全学院建设经验。该校网络安全专业负责教师多次应邀在全国级教学和学术会议中对网络空间安全专业建设经验进行宣讲,并协助三江学院、石河子大学和西藏民族大学建立网络空间安全专业学科。

本案例实践特色主要体现在以下四个方面。

（1）工科、理科、文科等多优势学科交叉复合建立培养方案

东南大学网络安全学院通过工科与工科、工科与理科、工科与人文学科多角度的学科交叉复合,建立符合国家战略需求和企业用人需要的网络空间安全新工科专业培养方案,探索一流网络空间安全专业建设方法。

（2）建立完善的网络安全专业课程体系

利用东南大学多学科交叉的优势,网络安全学院根据学生兴趣和研究方向,建立跨学科门类交叉融合的课程教学模式,联合数学、法学等相关学院开设与网络空间安全相关的网络安全基础数学、网络空间安全的法律基础等课程;邀请心理学、社会学、管理学、设计学等学科的优秀教师,开设安全心理学、社会工程学、安全工程管理、可用安全设计等课程,建立跨理学、工学、法学、管理学等门类的网络安全人才综合教学体系。

（3）将思想政治教育贯穿人才培养全过程

在网络安全人才的培养过程中,知识和技能的培养很重要,但对网络安全正确价值观的培养更重要。东南大学坚持用习近平新时代中国特色社会主义思想指导网络空间安全人才培养方向,把习近平新时代的网络空间安全观融入专业教育教学全过程。在网络空间安全专业的思政课培养方案和课程建设中,着重讲授习近平总书记关于网络安全工作的讲话精神;在网络空间安全专业课堂教学中,融入中国元素,宣传中国发展和进步,加强四个自信,以马克思辩证唯物主义理论和方法分析和解决网络安全专业中所存在的问题。

（4）形成多元化的人才选拔机制

根据党政机关、科研机构、高校、军队、企业等对网络安全领军型、创新

型、教育型和技术型等不同类型的网络安全人才需求,东南大学网络安全学院建立了"多元化"网络空间安全人才选拔模式机制。通过面向全国青少年开展网络安全竞赛,东南大学网络学院向在中小学阶段学习的青少年普及网络安全知识,引导青少年在网络安全创新、技能提升方面开展学习,并开展长效性的人才跟踪机制,建立网络安全青少年人才库,为学院提供优质生源储备;通过引导和主办跨地域、跨行业的具有国际影响力的网络安全赛事,东南大学网络安全学院加强了网络安全创新设计类竞赛的国际交流。

五、面向知识创新体系的建构路径分析

(一)路径内涵——三元知识空间下的新工科建设

由于存储介质和传播速度的革命,信息技术推动信息空间飞跃式发展;人工智能时代的到来则赋能信息空间进行自我更新,信息空间迅速成长为社会空间和物理空间两极之外新的一极。人类知识结构向三元空间的跃迁要求工程教育必须建立适应信息空间崛起的学科体系,重构工程科技人才所需的核心知识结构,将原有的工程知识、技术知识升级换代。

(二)路径特征——基于科教协同的学科交叉会聚

学科发展受科学自身发展内在逻辑的影响,同时也是经济社会需求综合作用的结果。自 20 世纪 60 年代始,大科学、跨学科研究、知识生产新模式等新概念新理论陆续形成。21 世纪伊始,"会聚技术"(Roco et al.,2002)的提出,更带动"会聚"作为一个重要理念,影响到知识生产和应用的多个层面(Chen et al.,2013)。信息空间崛起以来,以人工智能、物理信息系统、虚拟现实、云计算等为代表的第四次工业革命悄然到来并蓬勃发展,集中呈现出数字化、智能化、绿色化、协同化、网络化等创新特征(杨华勇,2017),物理学、数据科学、生命科学、物质科学等自然科学与工程技术,甚至是经济学、社会学、教育学等社会科学之间的"学科会聚"程度不断加深,以跨一级学科为重要特征的会聚研究正在成为全球科技创新的重要特征。同时,当今人类社会快速发展带来生态恶化、资源短缺、人的异化与价值冲突等问题,传统以单一学科为中心的研究范式已不能有效解决人类社会发展面临的复杂性、变异性问题,会聚研究逐渐成为解决复杂问题的一种新策略。

长期以来,我国工程教育本科环节均存在不同程度的过分专门化、过早专门化、通识教育不足等弊端,本科生所学知识只限于狭窄的单一学科领

域，工程人才知识体系尚不够完善；传统学科依然处在整个科教体制的中心地位，几乎垄断了大部分科教资源。然而，工程教育的实践性、综合性、创造性是工科人才培养的基本特征，以知识体系变迁为内生动力，以基础研究为牵引的学科会聚对高等教育，尤其是高等工程教育提出了更高要求。基于科教协同打破原有学科专业壁垒，是构建面向学科前沿的中国特色工程教育体系的核心特征。首批新工科研究与实践项目涉及专业改革类项目410个：以互联网和工业智能为核心，对传统工科专业进行改造升级，开展新兴工科专业建设的研究与探索，涉及大数据、云计算、人工智能、区块链、虚拟现实、智能科学与技术等相关工科专业。本书选取华东师范大学数据科学与工程专业建设、中国科学技术大学量子信息科学专业建设、大连理工大学化工过程安全与控制工程专业建设、东南大学网络空间安全专业建设等案例样本，验证了基于科教协同的学科交叉会聚是中国特色工程教育体系的核心特征。

（三）路径要素

面对新一轮科技革命下数据科学助力社会科学研究，数据技术驱动金融经济发展，先进数据研究和应用人才存在巨大缺口的时代背景，华东师范大学新建数据科学与工程专业：积极整合校内统计学、数据管理、信息系统传统学科优势，充分利用开源社区和开源生态带来的创新机制变化，成立数据专业建设工作组，兼顾规模化及个性化教学，以应用为导向突出工程实践能力评价，推动产学研一体化平台建设，优秀地践行了需求引导下前沿专业的跨学科联动建设，正在逐步形成数据科学与工程专业人才培养的华东师大模式，是综合类高校面向前沿学科探索中国特色工程教育建设的典型示范。

面对第二次量子革命的到来，量子通信、量子计算、量子精密测量等产业蓬勃兴起的历史机遇，中国科学技术大学发挥自身物理学科传统优势，以理带工、理工融合，建设量子信息技术前沿学科。通过成立新工科量子信息专业建设指导委员会，广泛设置满足不同学生需求特色课程，改革跨学科教师聘用和评价机制等，鼓励量子信息学术创业等举措，结合实际产业和社会需求开展基础科学有关研究，积极推动科研成果转化，培养量子信息技术专门人才，对理科优势高校探索中国特色工程教育建设提供了重要参考。

人工智能技术推动传统化工进入"智能化工"时代，大连理工大学依托化学工程与技术国家重点学科一级学科，引入计算机科学、自动化技术等多学科力量,顶层设计化工安全与工程控制新兴专业培养方案,创建"化工智能过程创新实践强化班",改革传统课程体系和评价方式,国内外结合、跨学院重组高水平师资队伍,推行渐进式的人才培养改革,促进科研与教学的协同发展,为我国化工行业智能化升级提供了人力资源保障,也为智能制造背景下传统工科专业改造与新生提供了经验借鉴。

在信息空间时代网络安全切实关乎国家安全的背景下,东南大学依托传统工科优势,调动学校理科、文科科研及教学资源,通过学科交叉复合来建立网络安全学院,成立网络空间安全学院教学委员会,着力建设网络安全新工科专业。以确保思政教育到位为特色,东南大学以课群为核心,采用内外结合的方法培养核心教师团队,其多学科跨平台的专业教学体系、多维度的网络安全专业课程体系,受到国内外高校的赞赏与积极借鉴,为中国特色工程教育以维护国家安全为目标进行前沿学科建设提供了借鉴经验。

综上,面向知识创新体系的中国工程教育体系建构路径要素主要包括多组织协同的新学科管理机构,多目标集成的新人才培养方案,多学科会聚的新师资队伍建设,多平台支撑的新实验实践体系。

第二节　面向产业创新体系

一、浙江大学智能机器人拔尖人才培养项目

（一）建设背景

培养多学科交叉的复合型创新人才是人才强国战略和创新型国家建设的核心关键,是高等教育的重要使命。而新工科建设和发展的内在要求,使学科交叉融合成为新工科人才培养的关键。机器人集控制、机械、电气、传感、人工智能等多学科领域于一体,融理论与实践、软件与硬件于一身,是一个典型的多学科交叉领域,是培养多学科交叉的复合型创新人才的绝佳载体。新一代机器人以智能化为核心发展方向,更是对机电系统与智能算法的充分融合提出了极大需求。随着社会和科技的发展,机器人已经成为各国重点发展的战略性新兴技术和产业,对机器人方面的人才需求越来越多、要求越来越高。我国本科高等教育机器人专业设置刚刚起步,培养体系尚在探索之中,人才储备严重不足,极大限制了我国机器人技术和产业的发

展。本项目面向国家发展对多学科交叉优秀工科人才的重要需求和智能机器人专业人才的重大需求,建设多学科紧密交叉复合的智能机器人新型工科专业培养体系,重点解决多个学科共建新工科专业的课程教学体系、实践创新体系与师资队伍的紧密交叉融合问题,多学科交叉复合与工程创新能力并重的新型科技领军人才的培养模式问题和满足学生深造、就业、创业等多途径发展需求的培养方式问题,形成智能机器人这一新兴产业方向的本科生培养体系,培养一批智能机器人方向多学科交叉融合的优秀人才,为智能机器人新工科专业建设提供基础。

(二)配套举措

本项目由竺可桢学院、控制科学与工程学院、机械工程学院、浙江大学机器人研究院、浙江大学科教发展战略研究中心、海外合作高校、校外合作企业等多方力量共同建设。浙江大学智能机器人交叉创新班的设立和新工科项目的实施,正是浙江大学作为工科优势高校,发挥学科综合优势,主动作为,以引领未来新技术和新产业发展为己任,率先推动学科交叉融合和跨界整合,培育新工科领域拔尖人才的创新之举。

1. 人才培养

(1)与经营管理结合,调整培养目标

本项目注重基础知识与创新实践相结合、学术前沿与社会需求相结合,着重面向智能机器人领域科技前沿,培养具有深厚的理论技术基础、严密的逻辑推理能力、创新的动手实践能力、在智能装备和智能机器人及人工智能领域具有国际视野的卓越人才和创新技术的引领者。

此外,项目在调研总结国际顶级高校同类专业培养体系的基础上,以拔尖人才培养目标为引领,注重学生多学科知识融会贯通和基础实践能力、创新探索能力培养,制定了"厚专业基础知识＋多学科交叉融合＋全方位能力提升"的个性化培养方案。培养方案允许竺可桢学院交叉创新平台实验班的学生根据其发展需要灵活选择专业课程。

(2)整合教学资源,推动学科专业改革

项目根据机器人技术的内在特点,整合、优化原有分散在不同学科专业的教学资源,建设自动化(机械电子)双学位项目和自动化(计算机科学与技术)双学位项目,分别开设两个智能机器人交叉创新实验班。结合灵活的学位授予方式,探索多途径培养模式,并深度挖掘以机器人技术为主线的拔尖人才培养模式的内涵,探索"多途径—跨学科—交叉培养"模式。自动化(机械电子)双学位项目融合了浙江大学控制科学与工程、机械电子工程两个"双一流"学科的优势资源开展办学。主要是机械电子工程和控制科学与工程两个优势学科交叉,同时包含材料、力学、计算机技术的交叉融合,注重学生学科交叉创新能力、综合素质、学术素养等方面的培养。自动化(计算机科学与技术)双学位项目融合了浙江大学控制科学与工程、计算机科学与技术两个"双一流"A＋学科的优势资源开展办学。与上述双学位项目类似,培养方案以机器人、人工智能两大方向为主线,为控制科学与工程专业及计算机科学与技术专业确立明确的结合点。

(3)与市场需求结合,重构课程体系

构建"三纵四横交叉分层"的多学科交叉的智能机器人课程体系。项目紧密围绕智能机器人,以机器人的控制、机电系统设计为主线,梳理了相应课程——建设满足智能机器人关键技术研发需要的核心课程;改造符合智能机器人新工科发展趋势的课程;吸收融合原专业培养方案中与智能机器人密切相关的课程;删除不相关的课程——构建了"三纵四横交叉分层"的多学科交叉的智能机器人课程体系。纵向分为三个层次:第一层次为"通识"课程。按照大类培养的模式,设置通识课。第二层次为"大类"课程,根据学科的发展趋势,淡化学科界限,在大科学的范畴下,重新审视大类课程的内涵和边界,确定大类课程的教学内容和教学目标。第三层次为专业课程,在尝试构建新工科学科体系时,基于"新业态"下的产业需求,以产业和技术发展的最新成果推动工程教育改革,基于此设计专业新结构与专业课程,完成从学科导向转向以产业需求为导向的新工科背景下的课程体系设置。横向分为四个课程群:数理基础课程群、人文社科素养课程群、专业课程群和实践课程群。

首先,强调数理基础的重要作用。数学课程难度较其他工科专业更高,项目增加"复变函数与积分变换"等课程,以夯实数学基础。其次,充分考虑机器人专业的学科交叉性,突出知识点的广度和深度。项目设置了8门主干核心课程,通过机械基础类、电子电器类、控制科学类、机器人工程类、人工智能类课程群实现对知识点的宽范围覆盖。此外,方案中还配置了多达20余门专业选修课供学生选择,这些课程内容涵盖了机器人相关的各个方面,如"空中机器人""软体仿生机器人与智能材料"等,为培养知识体系全面的人才提供了保障。

(4)与工程实践结合,实施工程实践改革

项目为学生大幅度提升实践教学时数,依托国家级教学基地(示范中心),统筹校内外资源,从企业实际应用需求出发,通过探究型、过程型和深度型等不同层次的实践课程,构建实践、创新、团队合作、问题解决等多重能力导向的实践教学体系,为学生提供了丰富的实习实践教学资源。

项目几乎为每一门机器人专业课程都配备实验教学环节,独立于理论课体系,充分体现理论与动手能力的结合。在一年级的"机器人与人工智能导论与实践"课程中,先从动手实践开始,基于机电组合套件让学生在动手搭建机器人系统过程中逐渐体会控制学科、机械电子学科的价值和作用;二年级开始,培养思路是理论先行,在实践中验证,以"机器人学"为核心,配套"机器人学强化训练"课程,让学生掌握学科基础知识;三年级时,在学习大量专业知识的基础上,突出创新能力,"机器人交叉创新设计与实践"课程中与不同学科的现有科研项目相结合,以项目制推动学生创新能力的培养。与普通的验证性实验课不同,实践训练体系强调学生学以致用、动手以及创新。课程配置了大量先进的机器人系统,训练学生在不同系统上展示工程实践能力以及创造力。其余专业必修课和选修课也配置了大量实验与实践内容,充分利用浙大教学资源和师资力量的积累,为培养理论能力、动手能力、创新能力优秀的拔尖人才提供了充分手段。

2. 师资队伍

(1)师资队伍建设

为保障两个实验班完成既定培养目标,本项目在执行中得到全校支持,充分发挥了浙江大学学科全面、师资力量雄厚的优势,配置了一支实力强、经验丰富的教学团队,有教师 27 人,其中教授 14 人,博导 17 人,硕导 10人,高级职称教师占 96%,博士学位教师占 100%。多位教师承担国家级大工程大项目,对接先进制造国家需求,为双学位学生开设面向重大工程的专业课,把教学与科研相结合,以科研促进教学,与产业界联系密切,培养有志于服务国家重大战略需求且综合素质优秀的学生。

(2)教学方式改进

多学科专家共同教学,产学研结合密切。在项目实施过程中根据培养计划里课程的内涵,组织不同学院多学科专家共同参与学生培养。除控制、机械、计算机学科外,电气学院、航空航天学院也参与核心专业课程的授课。充分利用国家精品课程,形成引领优势。这些精品课程运用现代化教育技术手段,极大地提高对智能机器人新工科项目学生的教学以及实践教学的质量,发挥学生的主动性和积极性,培养学生的科学探索精神和创新能力。

落实导师组负责的科创能力培养模式。项目借鉴研究生培养模式,为学生实行本科生导师制,让学生在本科阶段即和资深教授对接。充分发挥教师在学生教育培养过程中的引导作用,加强对学生的个性化教育,加强对学生学习和成才的全面指导。学生可参与各自导师的前沿科研工作,发挥科教融合优势,培养学生的自学与实践能力,以科研成果作为课程考核结果,实现学生的个性化培养。

3. 资源拓展

项目利用竺可桢学院交叉创新平台和工高班所凝聚的国内外优质教育资源,依托国家级实验教学示范中心,为学生提供国际化培养通道和多元化专业出口。此外,由浙江大学科教发展战略研究中心为多学科交叉和创新创业人才培养体系提供战略性指导和咨询意见。通过引入其他相关学科的教学团队与教学资源,进一步完善创新创业人才培养架构。由浙江大学机器人研究院采用与课题相结合的实习方式引导高年级学生开展创新研究,通过校外合作企业高级工程师来校讲课和提供实习实践基地的方式,让学生了解企业发展现状、发展需求和发展趋势,更好地关联前沿技术研究和社会发展需要,并了解企业管理理念、管理方式等学习内容。

(三)特色与成果

1. 案例特色

(1)整合优势资源,合力共建拔尖人才培养体系

项目由竺可桢学院、控制科学与工程学院、机械工程学院、浙江大学机器人研究院、浙江大学科教发展战略研究中心、海外合作高校、校外合作企业等多方力量共同建设(如图 5-3 所示)。作为项目的总牵头单位,竺可桢学院负责项目的整体组织、管理、架构设计以及学生的招生与管理,在人才培养模式、课程体系、师资队伍、国际化培养等方面探索出一套完整的培养机制和体系。控制科学与工程学院主要负责"机器人工程"专业培养计划的制订与实施、学生全过程培养及相关教学任务的落实。机械工程学院负责该学科的建设,并全面参与"机器人工程"专业培养计划的设计,参与"机器人工程"专业学生的培养及重要支柱性课程的建设和教学任务的落实,设计并组织学生参与机器人竞赛等实践教学环节。机器人研究院聚焦机器人技

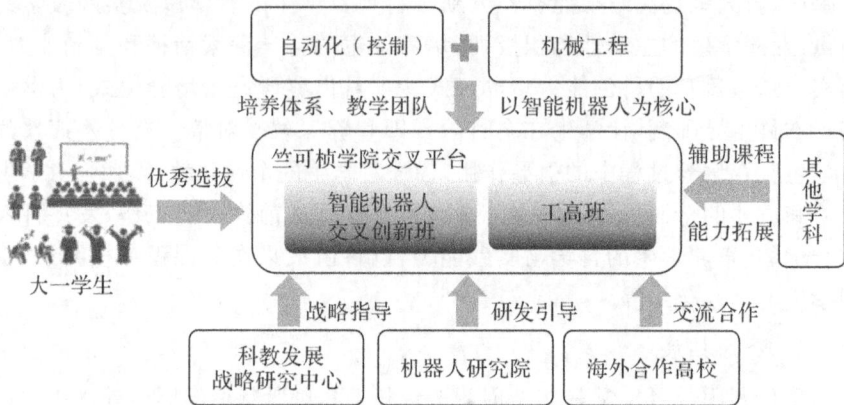

图 5-3 融合多方力量共同建设多学科交叉拔尖人才培养体系

术研发、技术成果转化、机器人产业培育,以开展高水平机器人技术创新研究、高效率技术成果转化为核心任务,探索高等工程教育改革新路子,培养造就机器人行业急需的交叉复合型高层次人才,是一个"政、产、学、研、用"深度融合的科研与人才培养机构。而科教发展战略研究中心为智能机器人班教学改革和人才培养提供理论支持和战略指导。

(2)培养方案充分体现学科的交叉性

培养方案以机器人为主线,为控制科学与工程学科、机械电子学科、计算机科学与技术确立明确的结合点。针对交叉平台的培养目标,对原有不同学科的课程进行了深度融合,并针对机器人工程专业自身特点设计新的课程,重点培养学生多学科知识的融会贯通、基础实践能力和创新探索能力。

(3)以学科竞赛为抓手突出实践能力培养

本方案的设计中,特别突出实验与实践在培养学生过程中的作用,通过以智能机器人为主线的课外实践、学科竞赛和以智能机器人为主线的理论课程内容紧密关联,来实现人才培养的多学科交叉融合与知行合一。以学科竞赛为抓手,组织学生参加各类国际竞赛,与国际一流大学同台竞技,通过交流拓展学生的国际化视野并培养竞争力。一方面鼓励学生利用掌握的移动机器人技术知识参与现有校、省、全国和国际机器人竞赛,在国际比赛中取得优异成绩。另一方面,在现有竞赛体系外,进一步与国际竞赛中的知名高校建立校际交流竞赛与活动,给学生创建更加深入的海外交流学习空间。同时,加强浙江大学指导老师在国内外竞赛中的引导性作用,将智能机器人教学实践理念与思路渗透到国际竞赛体系中。

2. 建设成果

(1)在机器人方向国际级学科竞赛中获奖

学生多次参加国际级学科竞赛,投入主动实践过程,并多次在国际级比赛获奖。在 2018 年机器人世界杯伊朗公开赛获季军,在 2018 年机器人世界杯竞赛获小型组冠军。本科生参赛项目"机器人俄罗斯方块实验"在"创意设计:智能机器人——让未来更多彩"主题赛中获一等奖;本科生参赛作品"二爪魔方机器人"在"创意竞技:魔方机器人——挑战人类极限"主题赛中获得一等奖并排名第一。本科生组成的仿人体感队两支队伍,在"创意格斗:IRFC 智能机器人格斗大赛——科技与传统武术的结合"主题中,包揽了仿人机器人格斗项目的冠亚军。在 2019 年 5 月举办的浙江省第十六届"挑战杯"大学生课外学术科技作品竞赛决赛中,学生团队获得特等奖 1 项、一等奖 1 项、二等奖 1 项。

此外,学生获得第十三届"中控杯"大学生机器人竞赛运输机器人组一等奖 1 项、二等奖 1 项、三等奖 3 项,空中机器人组二等奖 1 项、三等奖 1 项,超市机器人组一等奖 1 项、三等奖 1 项;获得 2019 年第三届中国机械行业卓越工程师教育联盟"恒星杯"毕业设计大赛铜奖。

(2)学生发表论文和授权专利

本科生通过 SRTP、省创、国创以及"实验室直通车"等多种渠道,在导师的指导下展开科研工作,并取得一系列科研成果。黄永创等三名同学撰写的学术论文发表于 2019 年本领域的权威国际杂志 *IEEE Sensors Journal*;戴森鼎同学的 SRTP 成果发表于 2019 年 SCI 杂志 *Sensors*。本科生衡文正在杨赓研究员的指导下,以第一作者身份在 2019 年 SCI 期刊 *Sensors* 上发表题为"Flexible Insole Sensors with Stably Connected Electrodes for Gait Phase Detection"的研究论文。该研究工作被意大利科技媒体《医疗·骨科》(*Ortopedici & Sanitari*)转载报道。本科生自主选题,在科研的过程中于 2018 年和 2019 年申请和获授权多项发明专利。

(3)教材建设及项目获奖情况

2018 年 5 月,王宣银教授申报的一门教材《机器人技术及其应用》通过浙江大学本科教材建设立项。依托机器人工程专业建设,教学团队获得自动化类教指委专业教育教学改革研究课题支持,项目名称:机器人工程专业核心知识体系与内涵研究;获得教育部产学合作协同育人项目立项支持,项目名称:机器人工程专业核心课程体系构建。团队成员熊蓉、周春琳、朱秋国获得 2018 年高等教育国家级教学成果二等奖,成果名称:立足前沿、接轨国际、强化实践——生物生产机器人课程教学体系的创建与实践。机器人团队获评 2018 年浙江大学第九届三育人先进集体奖励。

二、南京大学电子信息类产学协同人才培养模式改革与实践

（一）建设背景

随着科技与社会的高速发展,当今世界经济正迎来以"互联网＋"、人工智能、大数据等为特色的第四次工业革命。许多发达国家将制造业作为抢占制高点的重要战略,制订了制造业转型计划,如德国的"工业 4.0"、美国的"先进制造业伙伴计划"和"制造业创新网络计划"、英国的"英国制造2050"等,国际竞争日益加剧。同时,我国已进入新时代,政治、经济、社会发展等都面临着巨大挑战,都需要我们抓住机遇,加大原始创新和源头创新,从跟随到并跑再到引领。在 2015 年 12 月举行的中央经济工作会议上,习近平总书记指出,"新一轮科技革命和产业变革正在创造历史性机遇,催生智能制造、'互联网＋'、分享经济等新科技、新经济、新业态"①。

当前,高水平电子信息类人才短缺已经成为制约我国相关产业快速发展的重要瓶颈。特别是在中美贸易战中,我国在高端芯片领域受制于人的状态更是促使我们要迎头赶上,培养大量电子信息类高层次人才,特别是顶尖人才。而在这方面,在综合性高校进行电子信息类新工科人才培养具有很好的优势。新工科人才培养同时也是综合性大学面向国家重大战略需求、面向经济社会主战场、面向世界科技发展前沿,突出学科交叉融合和协同创新,突出与产业发展、社会需求、科技前沿紧密衔接,深化产教融合的重要途径。

（二）配套举措

经过多年教学研究和实践,南京大学提出"顶天立地"的工科人才培养目标:既具有深厚的理论基础,能掌握前沿科技发展,有宽阔的视野、综合的素质,同时也具备踏实的实际科研和工程实施能力,具备创新探究和创业实

---

① 习近平.中央经济工作会议[C].北京:新华社,2015.

践能力。围绕着上述人才培养目标,在工程实践教育方面,针对学生未来不同的发展类型,提供了到研究实验室进行前沿科学训练和通过学科竞赛或大学生创新创业项目进行不同形式的个性化培养。例如,为大三学生设计了为期一年的"信息电子学前沿课程",将课堂搬到了科研实验室,进行融合理论和实验的"研究性"学习,并将科学前沿课题引入课程的知识应用上,将第一课堂与第二课堂两条主线在实验实践教学过程中深度融合。同时与美国国家仪器公司、德州仪器等国内外知名企业成立校企联合实验室 14 个,和德州仪器(TI)、塞灵斯(Xilinx)、美国国家仪器(NI)等公司举办了实验师资培训等 8 项活动,成立了"E 创空间""无人机俱乐部""NXP 俱乐部"3 个大学生创新创业载体。电子学院超过 90%的本科生加入各类融合性课程、创新创业实训及学科竞赛,在主动性学习的过程中培养了学生发现问题和解决问题的能力以及学生的创新和实践能力。目前电子学院已开展教育部电子信息类"卓越工程师教育培养计划",并获批"国家级工程实践教育中心""国家级大学生校外实践教育基地""信息电子国家级虚拟仿真实验教学中心""电子信息专业国家级实验教学示范中心"等一系列国家级本科实践教学平台。

1. 人才培养

(1)与市场需求结合,提出"三新五结合"人才培养模式

进行电子信息类新工科人才培养探索的目的,就是要通过人才培养模式的研究、改革和实践,提高综合性大学电子信息类专业人才培养的质量。为此进行了学科专业改革,将人才培养目标确定为:具有全球化视野,具有卓越领导才能,具有跨学科技术资源整合能力,在理论、实践和创新之间达到平衡,具有人文素养和科学知识的电子信息领域的领军人物和创新人才。

在确定目标基础上,课题组提出了"三新五结合"作为南京大学电子信息类新工科人才培养模式改革与实践的基本思路。"三新":目标要求新、体系领域新、培养方法新;"五结合":与综合性大学优势相结合、与专业优势特色相结合、与国家重大战略需求相结合、与创新创业教育相结合、与教学改革相结合。逐步构建"文理融通、学科交叉、多元协同"的新兴工科创新人才培养体系。

在具体举措上,构建"新工科"交叉融合课程新体系,着力加强通识教育,通过理工结合建设交叉复合类课程,强化知识整合、建设整合性课程,建设本硕一体化课程,鼓励优秀学生提前进入科研训练。同时,以问题为导

向,创新教学模式,全面梳理专业课程体系,重点建设基础核心课程群,采用混合式教学模式,实施课前、课上、课后全周期教学;创新应用教育信息技术,推动课堂互动化和评价过程化;实施 PBL、CDIO 教学;加强实验实践课程建设;结合卓越工程师计划和示范性微电子学院的建设,与企业和国家IC 人才培养平台联动培养;以国家实验室和实践教学中心为依托,推动产教研融合。

(2)与经营管理结合,建设"校—企—所"人才培养合作机制

新工科本身具有学科复合交叉、对垂直集成要求高等特点,从而在培养过程中不能只注重单一专业知识和技能的培养,需要多学科、跨学科教育,使学生具备厚实的科学理论基础、宽广的视野、工程应用与管理的素养及人文精神。因此就需要打破原本的单一专业培养模式,确立大工程战略理念,实施大学科培养模式。在交叉复合跨专业建设方面,以微电子人才培养为突破口。电子学院打破学科专业壁垒,基于综合性大学中的文理综合的传统优势,整合本学科和其他相关学科资源,结合示范性微电子学院的建设,形成新型微电子人才培养模式和特点,进而培育出新的学科生长点。

"校—企—所"合作机制对新工科人才培养具有极其重要的价值。学院和相关企业院所成立联合教学指导专家组,建立校、企、所人才培养计划联合审定制度,联合教学指导专家组听课制度,企业项目实训制度,教师学术休假进企业制度等,通过多元协同,对于专业发展方向、人才培养方案和课程设置进行梳理和调整。同时,同构设立工程教育讲座教授岗位,聘请产业界卓越校友和专家担任工程教育课程主讲,并开展师资培训。通过与企业院所的合作机制,实现高端软硬件实训平台资源共享,以及先进工艺设计技术资源及方法学资源共享,进而推动高校和龙头企业进行深度的产学研科教融合人才培养。

(3)与工程实践结合,建设工程创新训练中心

实践、训练和探究是工程教育的核心环节,要改变传统基础教学实验室偏重单元性知识的演示和研究,以及工科实验室单纯偏重于技能训练的现象。学院在工程教学实践环节中,依据学生个性化发展的要求,全面提供从探索研究、技能训练到创新创业实践的多样性功能。利用"校—企—所"合作机制,以及虚拟仿真等先进技术,为工程实践教育提供具有较高性能、与实际工程研发环境一致的创新训练中心,不仅在软硬件上达到较高的水平,而且在工作流程规范、协同开发、团队沟通管理等方面,建立与真实工程研

发相一致的工作环境。与传统的基础实验中心不同,工程创新训练中心更加重视问题的发现和提出、团队的合作和管理、工程项目的受控和评估、相关资源的整合等。

2.师资队伍

学院充分发挥院士和学术带头人的示范引领作用,积极培养中青年教师,已形成一支"大师＋团队"的老中青结合的优秀师资队伍。为提升本科教学国际化,近年来引进海外高层次人才 14 人。依托南京大学"百位名师邀约计划"邀请美国、新加坡、澳大利亚、英国等国家的高水平大学知名教授,为本科生开设全英文专业课程。为加强青年教师国际视野,学院逾60％教师有海外留学或工作经历。加强校企所师资队伍建设,与中电十四所、江阴长电、华为、韩国 SK(海力士半导体)等国内外行业领先企业或院所达成共建协议,实施"双师计划",组建了由龙头企业工程师、知名科研院所研究员构成的逾 30 人外聘教师队伍。

为推进本科教学改革,创新组建跨学科、跨课程群教研团队的"学习与课程创新研究中心",围绕电子信息类专业人才"学习能力培养"的核心目标,面向一线教学问题开展教学理论研究,面向一线教改需求研发教育技术工具,为基层教学单位进行卓有成效的系统化专业教学改革探索出一条教学理论研究与专业教改协同融合新路径。

3.资源拓展

学院围绕电子信息科学与技术相关领域,积极开展产学协同建设,具体内容包括申报教育部产学合作协同育人项目,与企业共建联合实验室(基地)、校外实践教学基地。

(1)产学合作协同育人项目

自 2016 年起,学院共申报 24 个教育部产学合作协同育人项目。项目类型包括教学内容和课程体系改革、实践条件和实践基地建设、创新创业教育改革、师资培训四大类别。合作企业包括德州仪器(TI)、ARM 科技、意法半导体等国际顶尖半导体企业,也包括北京新大陆、北京润尼尔、苏州普源精电等国内知名电子企业。在产学合作协同育人项目支持下,创新原有教学方式,改革电路基础课程的教学与实验,提升高频电路、通信原理、嵌入式系统等专业课程的理论教学与实验教学内容,通过参与学科竞赛和创新创业活动,扩大实践教学的时间与空间范围。

（2）校企联合实验室（基地）

根据学科发展和人才培养需要,学院积极与行业顶尖企业成立联合实验室,构建校企协同育人新模式,企业工程师走进课堂,学生在课堂上即可掌握行业最新发展动态,学习业界前沿技术,了解企业对人才的要求。电子学院已经与德州仪器（TI）、美国国家仪器（NI）、塞灵斯（Xilinx）等世界一流企业建立 18 个联合实验室（基地）。

（3）校外实践教学基地

深入企业开展实习实训是电子信息新工科人才培养的重要环节,学院历来重视本科生实践教学,通过与具有行业特色和领先优势的知名企业合作建立校外实践基地,为强化本科生创新实践能力、专业实践能力、跨界实践能力、综合实践能力"四个实践能力"培养夯实基础。目前学院已经在华为、江阴长电集团、韩国 SK、爱立信、拓攻等国内外知名企业建立 6 个校外实践教学基地,在芯片制造测试、半导体封装、集成电路设计、处理器设计、智能物联网、5G 通信、机器人等不同方向培养实践能力。其中"南京大学—江苏长电电子科学与技术专业类国家级工程实践教育中心"被遴选为南京大学首批校外实践教学示范基地,成为我校新工科建设中实践教学的典型案例。

（4）国际交流

学院积极和国际知名电子类企业合作,从实际出发培养学生掌握当前最尖端的知识,而不仅仅是书本上的理论,做到知行合一。邀请世界第三大DRAM 制造商 SK 海力士集团的金润爽等 9 位韩国本社教授来南京大学为来自电子、物理等不同专业的 60 位本科生讲授暑期课程"集成电路工程项目实训",并选拔出 30 位同学前往无锡海力士参观实训以及企业文化交流。通过理论授课与实习实践相结合的形式,为学生提供半导体业内前沿技术和国际先进工艺的有效补给。为推进交叉复合类人才的国际化视野培养,学院在 2019 年推出南京大学第一个以新工科为明确主题的本科生国际科考与科研训练项目——"南京大学—美国代顿大学工程创新本科生国际科考与科研训练项目",来自学校不同专业的 18 名大三本科生前往美国与代顿大学的 3 名大四学生组队参加为期 3 周的"基于项目的工业自动化产品设计"创新实践。本次项目让各专业同学组成的学科交叉小组,在基于项目式管理的方式下,针对各组的工程化问题进行设计、建模,并最终实现能自动控制的产品原型。在项目开展期间,全体中方项目成员还前往福耀集团在美工厂进行实地参观,深入了解工业自动化 4.0 的真实面貌。

(三)特色与成果

1. 案例特色

南京大学电子学院植根于南京大学深厚的文理底蕴,形成了"理工结合、学科交叉、多元协同"的特色,建成了全方位育人平台,是教育部"十二五"本科教学质量与教学改革工程专业综合改革试点单位,获列江苏高校优势学科、教育部卓越工程师计划,拥有 3 个国家级实验教学平台以及 1 个国家级校外大学生实践基地,7 个校外实训基地和 19 个校企联合实验室。本案例充分体现了产学协同的人才培养特色,从课程、师资、实践等各个环节体系化地推进工程教育改革创新。

南京大学电子学院充分发挥学科在国际国内电子信息领域的领先优势,与华为、长电、韩国海力士、爱立信等一批国内外知名或行业龙头企业联合,建设产学协同的实践实训基地。例如,获批为国家级工程实践教育中心的南京大学—长电工程实践教育中心,合作单位江苏长电科技股份有限公司(JCET)成立于 1972 年,是中国著名半导体封装测试生产基地,国家重点高新技术企业和中国电子百强企业,拥有国家级企业技术中心、博士后科研工作站,国内第一家高密度集成电路国家工程实验室。目前,长电科技位居全球封装测试企业排行第三位,在中国大陆排名第一,2018 年公司营业收入约 241 亿元。

2013 年以来,该实践教育中心每年暑期会选拔本科三年级的优秀学生进行实习实训。由校方和企业方面共同组织师资力量,开设"行业工程标准与规范""微电子封装技术"两门课,并组织学员进入企业的一线车间进行实习,进行现场浸润式教学。其中"行业工程标准与规范"从介绍长电科技股份有限公司开始,就职业安全健康、生产工序工艺、ESD 防护、品质管理方法概述、封装材料基础知识、DFMEA、控制计划、各封装产品可靠性要求标准及测试方法、失效分析能力及手段等进行系统性介绍,让学生对电子组装技术基础、行业标准与管理规范都有基本的了解,对微电子行业有全面的认识。"微电子封装技术"课程则介绍传统集成电路封装与互连技术,然后重点介绍先进封装技术及其最新发展,包括倒装焊、焊球阵列封装、芯片尺寸封装、晶圆级封装、3D 封装、系统级封装技术等,然后介绍二级封装的基本工艺和基板制造工艺等,让学生了解和掌握微电子封装基础知识,获取集成电路封装与互连技术的基本知识、先进封装知识、电子组装技术基础、集成电路封装材料相关知识、封装的可靠性及失效分析基础知识。下午的实习单元,则组织学员分组进入企业的一线车间,让学生完整体验磨片→划片→装片→球焊→包封→打印→植球→切割→机检→外检→包装的生产流程,并从以下三个模块:(1)传统封装工艺:芯片键合、引线键合、塑封与固化、引线框架电镀、测试,(2)先进封装工艺:倒装芯片键合,(3)封装失效分析,通过工程实训,掌握集成电路封装相关的基本设备、工艺原理、基本工艺技能与方法。

整个实训期间学校和企业双方共同投入师资和各类管理人员逾20名,共同负责学生的学习、生活和日常管理,保障思想教育和安全教育工作。实习期满,通过撰写实习论文、课程考试和车间班组评价三种方式对学员进行综合考核,对于实习中表现良好的同学给予奖励,对于表现较差的同学给予及时指导。整体上,同学们通过理论与实践相结合的实习,深切了解到微电子以及封装的世界领先技术,学到了企业文化和企业的发展要素,为他们成长为新一代科技创新工程师打下基础。

2019年暑期起,学院新开设实践课程"集成电路工程项目实训",与世界著名半导体企业韩国海力士(SK)集团无锡基地进行合作,学员可前往无锡海力士进行为期3周的实习实训。自2016年起,学院共申报了24个教育部产学合作协同育人项目,合作企业包括德州仪器(TI)、ARM科技、意法半导体等国际顶尖半导体企业,也包括北京新大陆、北京润尼尔、苏州普源精电等国内知名电子企业。在产学合作协同育人项目支持下,创新原有教学方式,改革电路基础课程的教学与实验,提升高频电路、通信原理、嵌入式系统等专业课程的理论教学与实验教学内容,通过参与学科竞赛和创新创业活动,扩大实践教学的时间与空间范围。学院积极与德州仪器(TI)、美国国家仪器(NI)、塞灵斯(Xilinx)等行业顶尖企业成立联合实验室18个,构建协同育人新模式,并定期聘请企业高管和高级工程技术人员结合行业企业发展的最新动态和工程技术前沿信息,走入高校为学校师生开办讲座、学术报告,拓宽师生的行业工程视野,让学生在课堂上即可掌握行业最新发展动态,学习业界前沿技术,了解企业对人才的要求,帮助学生进行职业规划,同时也为企业自身宣传,吸引优秀人才提供平台。

2. 建设成果

(1)学生培养成效

近5年来电子信息类专业本科生积极参与开放实验、创新计划项目、学科竞赛、信息电子学前沿实验等课内外训练,先后获得江苏省优秀本科毕业论文(设计)6 项,在 *Nature* 子刊等国际一流期刊上发表高水平 SCI 论文 39篇,获授权发明专利 13 项。积极参与国内外各类学科竞赛,先后取得国家、省和校级以上各类竞赛奖项逾百项,其中国际级竞赛获奖 11 项,国家级竞赛获奖 52 项,省级奖励 63 项。2019 年获 ICM 美国大学生数学建模竞赛特等奖 1 项;2019 年获全国大学生光电设计竞赛金奖 1 项;2019 年获全国大学生电子设计竞赛一等奖 2 项、二等奖 3 项;获第十六届全国大学生"挑战杯"课外学术科技作品竞赛特别一等奖 1 项、二等奖 1 项;2019 年获全国大学生物联网设计竞赛一等奖、二等奖各 1 项;2018 年获第二届全国大学生集成电路创新创业大赛一等奖 1 项,首届全国高校创新创业创造教育精品成果展一等奖 1 项;2017 年获第十五届全国大学生"挑战杯"学术科技创新大赛一等奖 1 项。

(2)专业建设成效

武书连 2018 高校评价显示,本专业在全国排名第三。中国校友会2018 年排名显示本专业在全国排名并列第七,地区排名第一。2017 年 QS世界大学排名中,本专业排名与美国约翰斯·霍普金斯大学相当,优于美国著名的西北大学。2019 年,学院的电子信息科学与技术专业被教育部认定为首批国家级一流本科专业建设点,2018 年被持续认定为江苏高校优势学科(三期)。

(3)项目和教师教学获奖

本项目荣获 2017 年江苏省教学成果一等奖,2018 年江苏省教育科学研究成果二等奖。两名一线教师 2017 年获全国万名优秀创新创业导师人才和全国高等学校创业教育工作先进个人称号。课程"走进创业"2017 年获列国家级精品在线课程,2019 年入选"学习强国"平台。2018 年出版国家"十三五"规划专业教材一本,2019 年获列江苏省"十三五"规划重点教材项目 1 项。近 3 年一线教师或教师团队获国家级、省部级、市级、校级奖励逾30 项。

三、重庆大学先进制造工程人才培养模式探索与实践

(一)建设背景

先进制造技术是集材料、机械、电子信息、自动化等多种技术为一体的新一代加工制造技术,是《中国制造 2025》《智能制造"十三五"发展规划》等

国家政策推进的主攻方向,是实现我国制造业由大变强、转型升级的重要途径。我国是制造大国,但我国制造业的持续发展还面临诸多问题,例如适应先进制造的高性能先进材料制备技术、制造过程中的精密传感测试技术、制造过程中的智能化程度等还存在不足,学科交叉融合不够深入,产学研合作协同育人机制不健全等。主要原因之一是现行工程教育体系无法适应面向先进制造的工程人才培养要求,不能满足先进制造和社会转型升级发展的需要。因此,现行制造工程教育体系面临全方位变革,亟须开展多学科交叉融合的校企合作先进制造工程人才培养模式探索与实践。在此背景下,重庆大学依托先进制造一流学科群,结合制造业发展和国家重大需求,打破固有学科领域界限,加强产学研合作,形成体现多学科交叉融合特征的校企合作先进制造工程人才培养模式。

(二)配套举措

重庆大学以"双一流"建设为契机,依托国家级教学科研平台,通过机械设计及自动化、仪器科学与新技术、新材料及其制备加工成型新技术、控制科学与工程等的深度交叉融合,构建了先进制造学科群,如图 5-4 所示。

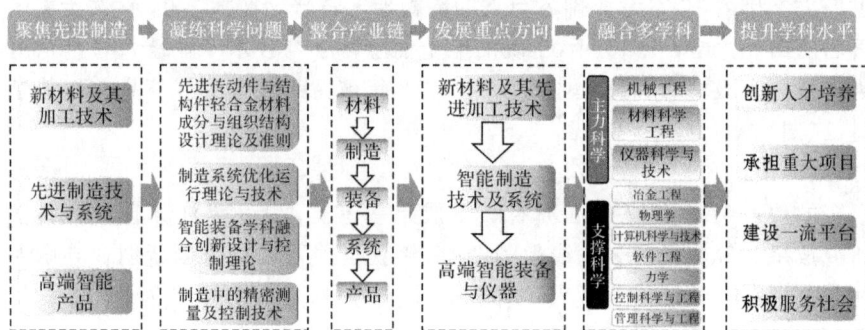

图 5-4　重庆大学先进制造一流学科群

先进制造学科群是我国西部地区先进制造领域科学研究、人才培养的高地,立足"一带一路"建设,紧密结合国家重要现代制造业基地——重庆的产业发展需求,以人才培养为核心,以创新驱动为引领,大力开展高水平科学研究和国际合作与交流,建成学科特色鲜明、深度交叉融合、世界一流的"先进制造"学科群。

依托重庆大学机械、材料、仪器、力学、控制领域的等先进制造领域的一流学科群,学校在新工业革命下分布式制造工程教育体系探索与实践、校企协同育人的卓越工程师人才培养、多学科交叉的创新创业人才培养、基于教育教学环节与能力培养映射关系的研究等方面开展了相应的工作,并取得了较好的成果。

1. 以"跨学科"为特色的人才培养模式

(1)跨学科联合共建机器人工程专业

由重庆大学机械工程学院、自动化学院跨学科联合共建机器人工程专业,首批新生已于 2019 年正式入学。联合固高长江研究院,成立了机器人创新创业人才培育中心,并与华数机器人、川崎机器人、库卡机器人、中信重工、平伟科技、安尼森智能科技等机器人科技企业开展了校企协同育人。制定了机器人工程专业人才培养方案,建立了多学科交叉的机器人工程专业课程体系与产学研融合的实践教学模式,如图 5-5 所示。

(2)校企合作跨学科动态可重构的模块化课程体系

通过校企联合制定"2+1+1"跨学科协同育人课程体系。如图 5-6 所示,一二年级采用大类培养方案,三年级校企联合制定专业培养方案、整合专业主干课程,四年级选修企业课程、顶岗实习、根据企业需求进行毕业设计,以"校企导师组"模式实施团队指导,提升学生解决复杂工程问题能力,促进学生个性化发展。根据"大工程观"思想,通过纵向与横向两个维度整合构建校企合作先进制造跨学科课程体系,如图 5-7 所示,纵向整合同一学科内课程(基础课和专业基础课程),横向整合不同学科主干课程,校企合作制定企业课程体系;根据先进制造五大核心课程群:先进材料及其制备加工成型、智能制造技术及系统、智能传感与测控仪器、智能机器人与智能新能源汽车等课程群,构建跨学科课程体系关键基础单元,开设若干体现多学科交叉融合的主干课程。

(3)跨学科交叉融合的先进制造工程人才培养教学模式

从专业分割转向跨界交叉融合,开展"校—企、师—生、课—课、理论—实践"协同教学实践,探索"多师导学、多课同堂"的教学组织形式,即搭建"多课多师"校企跨界协同教学平台;针对"导向性关键工程问题",通过企业实践,结合相关课程知识,引导学生思考科学原理,师生共同解决问题,以促进跨学科专业主干课程有机融合,形成新型校企合作跨学科教学模式;基于互联网大数据教学服务平台,推进信息技术和教育教学深度融合,建设和推广应用在线开放课程,充分利用虚拟仿真等技术创新工程实践教学方式。

123

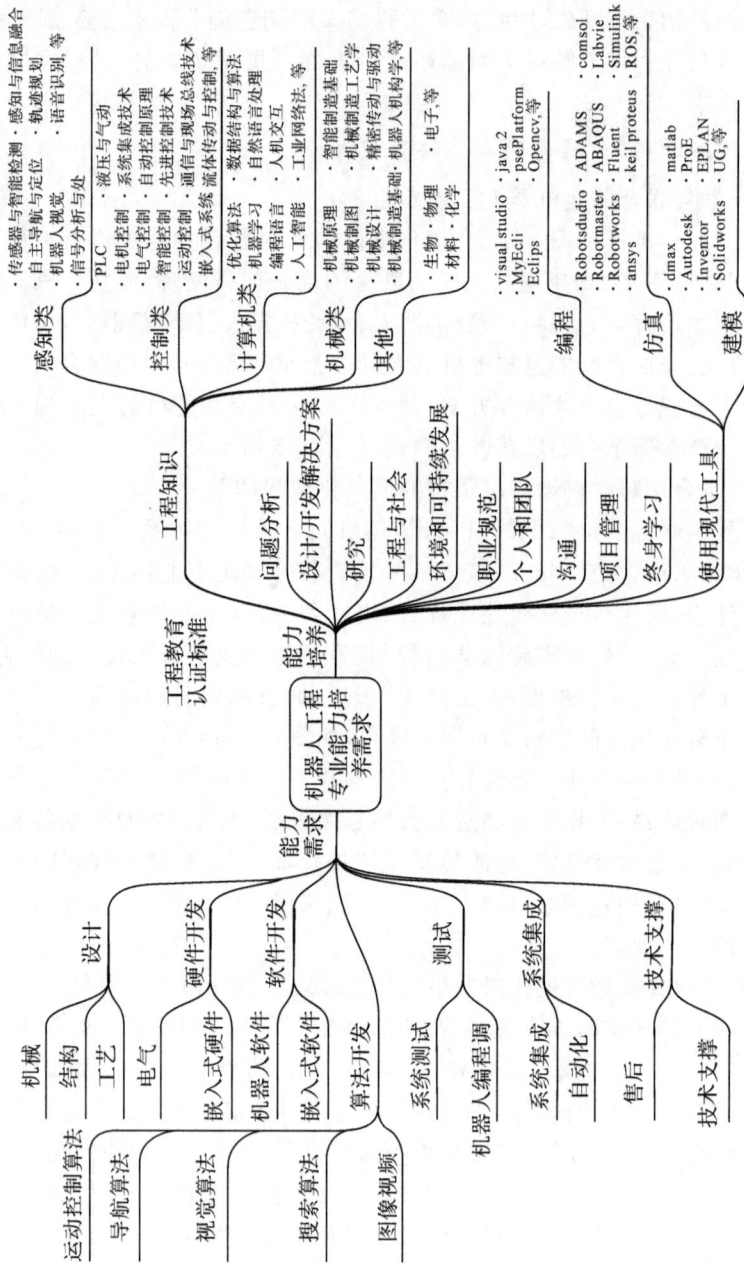

图 5-5　重庆大学机器人工程专业课程体系

机器人工程专业能力培养需求

工程教育认证标准 / 能力培养

- 工程知识
  - 感知类：传感器与智能检测・感知与信息融合・自主导航与定位・机器人视觉・轨迹规划・语音识别，等・信号分析与处理
  - 控制类：PLC・液压与气动・电机控制・系统集成技术・电气控制・自动控制原理・智能控制・先进控制技术・运动控制・通信与现场总线技术・嵌入式系统・流体传动与控制，等
  - 计算机类：优化算法・数据结构与算法・机器学习・自然语言处理・编程语言・人机交互・人工智能・工业网络法，等
  - 机械类：机械原理・智能制造基础・机械制图・机械制造工艺学・机械设计・精密传动与驱动・机械制造基础・机器人机构学，等
  - 其他：生物・物理・电子，等・材料・化学
- 问题分析
- 设计/开发解决方案
- 研究
  - 编程：visual studio・java 2・MyEcli・psePlatform・Eclips・Opencv，等
  - 仿真：Robotsdudio・ADAMS・comsol・Robotmaster・ABAQUS・Labvie・ansys・Fluent・Simulink・keil proteus・ROS,等
  - 建模：dmax・matlab・Autodesk・ProE・Inventor・EPLAN・Solidworks・UG,等
- 工程与社会
- 环境和可持续发展
- 职业规范
- 个人和团队
- 沟通
- 项目管理
- 终身学习
- 使用现代工具

能力需求

- 设计
  - 机械：结构・工艺・电气
  - 硬件开发：嵌入式硬件
  - 软件开发：机器人软件・嵌入式软件
- 算法开发：运动控制算法・导航算法・视觉算法・搜索算法・图像视频
- 测试：系统测试・机器人编程调
- 系统集成：系统集成・自动化
- 技术支撑：售后・技术支撑

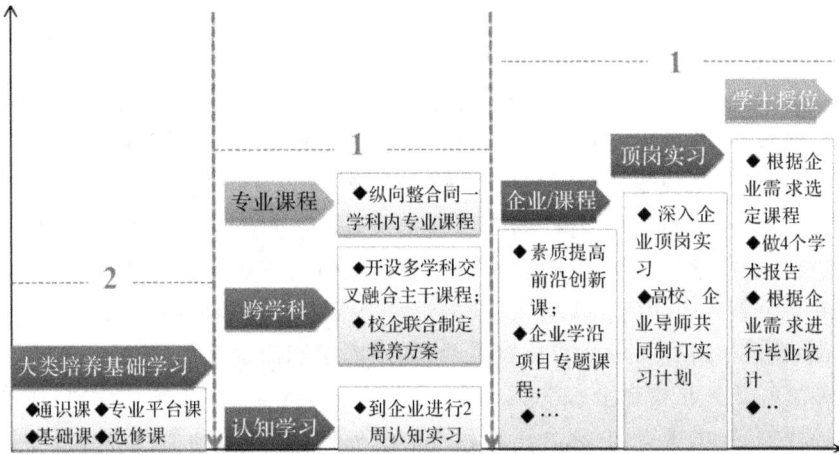

图 5-6 校企合作跨学科协同育人课程体系

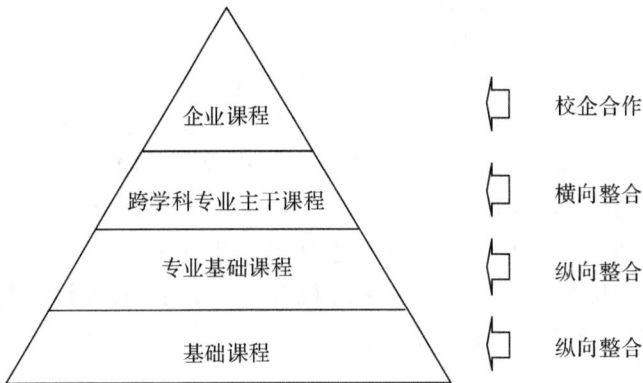

图 5-7 校企合作先进制造跨学科课程体系构架

（4）先进制造跨学科创新实践教学平台

面向先进材料及其制备加工成型、智能制造技术及系统、智能传感与测控仪器、智能机器人与智能新能源汽车等方向，联合长安汽车股份有限公司、重庆固高科技长江研究院有限公司、中国四联集团等企业，搭建对应跨学科创新实践产学研实训实习平台，为学生培养提供科研与教学实践开放基地。

2．师资队伍

（1）建立校企合作、跨学科交叉融合的人才培养管理模式

基于机械、材料、力学、仪器及控制等学科，以高水平科研团队促多学科交叉融合，围绕先进材料及其制备加工成型、智能制造技术及系统、智能传感与测控仪器、智能机器人与智能新能源汽车等先进制造专业建设方向，建立"以关键科学问题为导向"的管理模式，形成适应学科交叉融合的网状管理结构；根据学科交叉融合的特点，建立以项目为纽带的人才流动机制、以任务为中心的产学研合作机制、以多学科交叉融合为导向的资源配置机制等，形成多学科交叉融合的长效机制；采用固定和流动相结合的人事制度，完善学科交叉与校企合作育人的考评机制与分配制度，在职称评审、工作量、津贴和奖励等方面，充分调动教师的积极性，鼓励教师积极参与跨学科交叉融合人才培养；成立由产学研多方参与的多学科交叉融合管理委员会，负责各学科和单位之间的横向联系和沟通，形成产学研多方合作、协调联动、互惠共赢的多学科交叉融合机制，为跨院系、跨学科、跨专业培养先进制造新工科人才提供组织保障。

（2）组建校企合作先进制造跨学科教学团队

依托重庆大学机械传动国家重点实验室、国家 2011 计划重庆自主品牌汽车协同创新中心、国家镁合金工程技术研究中心、国家工科机械基础教学基地等国家级教学科研平台，联合长安汽车股份有限公司、重庆固高长江研究院、中国四联集团等企业，围绕先进材料及其制备加工成型、智能制造技术及系统、智能传感与测控仪器、智能机器人与智能新能源汽车五个建设方向组建校企合作先进制造跨学科教学团队。

3．资源拓展

先进制造跨学科多方协同培养机制如图 5-8 所示。通过"校—地"协同，汇聚高校和地方政府在人才、资金和产业方面的优势资源，解决先进制造新工科工程人才短缺问题，促进我国从"制造大国"向"制造强国"发展；通过"校—内"协同，实施跨学院招生和学生集中管理，打破校内各学院培养体系间的壁垒，解决先进制造新工科工程人才培养中学科交叉难题；通过"校—企"协同，构建高校学术前沿与企业创新实践高地，实现校企协同共同制定人才培养方案，解决教学环节中高校理论知识传授与企业工程实践脱节的问题，有效提升学生实践创新能力。

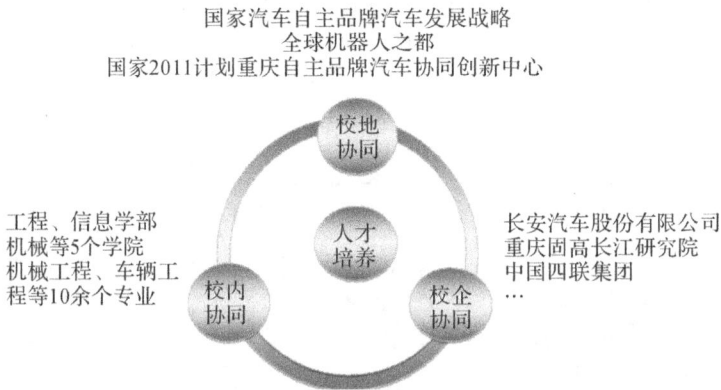

国家汽车自主品牌汽车发展战略
全球机器人之都
国家2011计划重庆自主品牌汽车协同创新中心

校地协同

人才培养

工程、信息学部
机械等5个学院
机械工程、车辆工
程等10余个专业

校内协同

校企协同

长安汽车股份有限公司
重庆固高长江研究院
中国四联集团
…

图 5-8　先进制造跨学科多方协同培养机制

（三）特色与成果

1. 案例特色

建立面向解决复杂工程问题能力的校企合作先进制造跨学科交叉融合的课程体系和教学模式，开设若干体现先进制造多学科交叉融合的新课程，提升学生解决复杂工程问题的能力；围绕先进材料及其制备加工成型、智能制造技术及系统、智能传感与测控仪器、智能机器人与智能新能源汽车等五个建设方向组建校企合作先进制造跨学科教学团队，搭建学科交叉创新实践实训实习平台，推进跨学科合作学习及创新实践，培养能够适应、引领未来制造工程需求的高端人才。主要特色如下。

（1）建立多学科交叉融合的先进制造工程人才培养体系

针对先进制造工程人才创新能力培养中存在的问题，通过深入研究教育教学环节与先进制造工程人才创新能力培养之间的映射关系，重构体现创新能力培养的先进制造专业课程体系和内容，实现学生创新能力渐进式培养。探索多元协同创新能力培养模式和跨界交叉创新实践能力培养体系，多元培养学生创新能力。构建的先进制造工程人才创新能力跨界协同培养体系如图 5-9 所示。

（2）重构先进制造相关专业课程体系

通过分析麻省理工学院、密歇根大学、新加坡国立大学等大学机械专业课程设置，梳理先进制造相关专业课程与交叉新学科之间脉络联系，优化重构以"学科前沿课→专业基础课→专业模块课→创新实践"为主线的先进制造相关专业课程体系和教学内容，实现了学生"创新意识→创新能力→协作创新→创新实践"的能力渐进式培养，如图5-10所示。开展精品开放课程

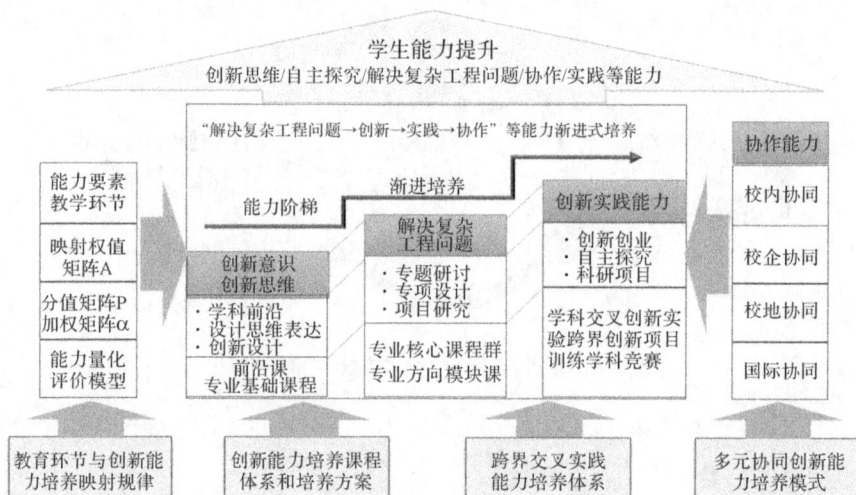

图 5-9 先进制造工程人才创新能力跨界协同培养体系

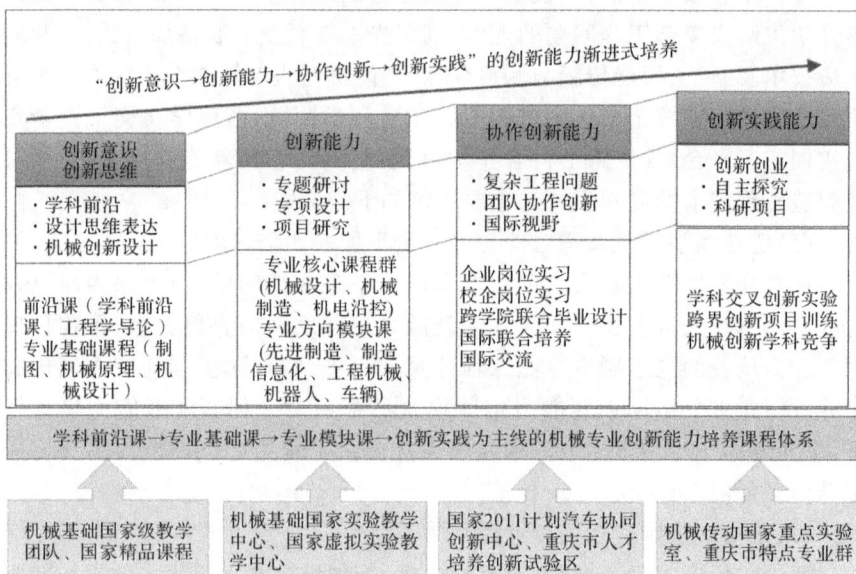

图 5-10 先进制造相关专业创新能力渐进式培养课程体系

资源建设,凝练创新设计工程案例,支撑"专题研讨→专项设计→项目研究"环节。

(3)提出了先进制造工程人才多元协同创新能力培养模式

围绕提升创新能力的多元协同育人关键环节,提出了先进制造工程人才多元协同创新能力培养模式,如图 5-11 所示。校内协同:开设跨学科的课程和跨学院联合毕业设计,提升学生在多学科背景下解决复杂工程问题的创新能力。校企协同:学生到企业岗位实习,校企双导师协同指导联合毕业设计,提升学生的协作创新能力校地协同:共建创新创业人才培养基地,为先进制造工程人才创新能力培养提供保障。国际协同:通过联合培养,学分互换,聘请国际知名教授授课,组织学生赴海外交流学习,培养具有国际化视野的先进制造工程创新人才。

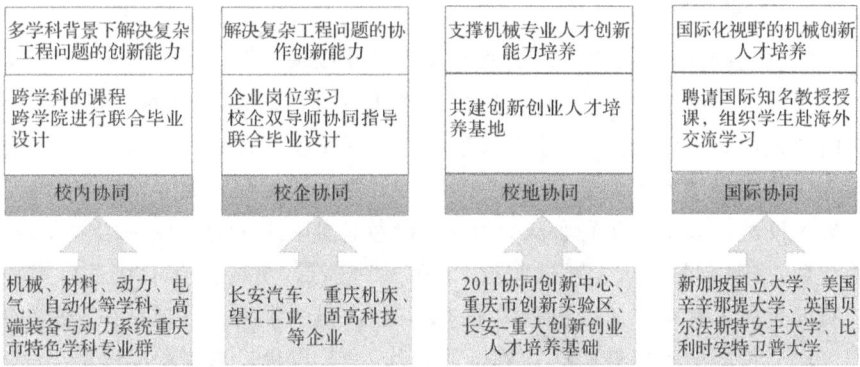

多学科背景下解决复杂工程问题的创新能力	解决复杂工程问题的协作创新能力	支撑机械专业人才创新能力培养	国际化视野的机械创新人才培养
跨学科的课程跨学院进行联合毕业设计	企业岗位实习校企双导师协同指导联合毕业设计	共建创新创业人才培养基地	聘请国际知名教授授课,组织学生赴海外交流学习
校内协同	**校企协同**	**校地协同**	**国际协同**
机械、材料、动力、电气、自动化等学科,高端装备与动力系统重庆市特色学科专业群	长安汽车、重庆机床、望江工业、固高科技等企业	2011协同创新中心、重庆市创新实验区、长安–重大创新创业人才培养基础	新加坡国立大学、美国辛辛那提大学、英国贝尔法斯特女王大学、比利时安特卫普大学

图 5-11　先进制造工程人才多元协同创新能力培养模式

(4)构建了先进制造工程人才跨界交叉创新实践能力培养体系

围绕提升创新能力的跨界交叉实践环节,构建了先进制造工程人才跨界交叉创新实践能力培养体系,如图 5-12 所示。以机械学科为主线,融入材料、动力、电气等学科,重构实验课程教学内容,开设研究创新型实验;组建跨学科跨行业的创新实践教学团队,开展跨学科创新项目训练和机械创新学科竞赛,突出跨界交叉,突出工程实践,突出课程内外融合,促进学生创新实践能力持续提升。

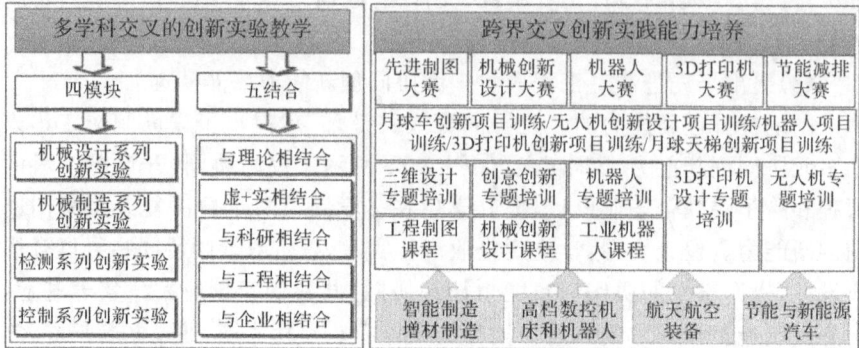

图 5-12　先进制造工程人才跨界交叉创新实践能力培养体系

2．建设成果

（1）校企协同育人的卓越工程师人才培养成果

重庆大学制造类专业全面启动"卓越工程师教育培养计划"，开展校企协同育人模式，相继开展了长安汽车机械工程卓越工程师人才培养、固高机器人卓越工程师人才培养、艾默生工厂自动化卓越工程师人才培养、中国四联集团仪器仪表卓越工程师人才培养、绿色智能材料卓越工程师人才培养等计划，按照企业对人才要求实行"订单式"培养。邀请具有丰富工程实践经验的企业工程师来学校讲授专业主干课，加强学生大工程观意识；要求参加工作五年内的青年教师必须到企业工作一年，以提升其工程实践能力。

经过多年探索与实践，校企协同育人的卓越工程师教育培养计划取得了很好的效果，学生积极参与各种大学生科研训练计划及参加各项学科竞赛，获得国家级及省部级奖共计 80 余项，提升了学生解决复杂工程问题能力和团队协作能力。

（2）多学科交叉的创新创业人才培养成果

为激发学生的创新精神和创业意识，响应国家"大众创业、万众创新"的号召，依托机械传动国家重点实验室、国家 2011 计划重庆自主品牌汽车协同创新中心、国家镁合金工程技术研究中心、微纳器件与新材料技术国家级国际联合研究中心、国家工科机械基础教学基地、国家机械基础实验教学示范中心、国家工程材料实验教学示范中心、机械基础及装备制造国家虚拟仿真中心等国家级科研人才培养基地，开展多学科交叉的创新创业人才培养，相继成立了方程式赛车、3D 打印、机器人、无人车等大学生创新创业团队，参加了全国大学生机械创新设计大赛、全国大学生机器人大赛、全国大学生金相大赛、全国大学生智能车竞赛、全国大学生光电设计竞赛、中国机器人大赛、中国大学生铸造工艺大赛、"创青春"全国大学生创业大赛等。

通过多学科交叉的创新创业人才培养，学生综合素质和创新能力得到较大提高。近五年，参加各种国家大学生创新实践项目 470 余项，在全国各种创新大赛中获奖 260 余项。相关创新创业人才培养平台和经验为搭建学科交叉创新实践教学平台提供了坚实的支持。

（3）基于教育教学环节与能力培养映射关系的研究与实践成果

如何将能力培养这一目标落实到具体的教学过程中，针对这一问题，目前不仅尚缺乏教育教学环节与学生能力培养基本规律研究，还缺乏基于能力培养的教学资源及系统深入的教学改革实践等培养体系研究，重庆大学在人才培养改革实践过程中研究了教育教学环节与能力培养的映射关系。

一是教育教学环节与能力培养的基本规律。进行了基于能力培养的教育教学环节设计；研究了教育教学环节与学生能力培养的映射关系，建立了能力映射关系矩阵；提出了教育教学环节与能力培养定量关系函数，探索了各教学环节对能力培养的贡献权重系数和加权能力系数，确定了学生综合能力的定量评价方法。

二是建设了基于能力培养的教学资源，进行了基于能力培养的教案研究，将反映教学设计、教学思想、映射关系等教改成果编著成"教师记注"。开展了以能力培养为核心的教育教学改革实践，对研究的教育教学环节与能力培养的基本规律以及相应"教师记注"进行反馈，达到了教学实践修正基础理论的目的。

四、华南理工大学集成电路人才多方协同育人模式改革与实践

（一）建设背景

经济集成电路是信息科技产业的基石，集成电路的发展对提升我国科技水平、保障国家安全，甚至维护国家地位有着不可估量的作用。纵观全球，集成电路产业发达的地方均为发达国家或地区。为实现中国梦，2014年以来国家接连发布《国家集成电路产业发展推进纲要》《中国制造 2025》等战略规划，并设立国家集成电路产业投资基金（简称"大基金"），把集成电路的发展提升到国家战略的高度。

国家在以战略高度推进集成电路蓬勃发展的同时,集成电路人才"缺口"日益凸显,而高质量集成电路人才"缺口"制约着中国集成电路产业发展。据中国半导体行业协会和国家重大科技专项统计显示,国内集成电路领域人才状况是人才储备数量少,中高级人才供给不足;2020年集成电路人才缺口达40万人。[1] 集成电路工程型人才是制约我国集成电路产业发展的关键因素之一。集成电路科学是一门实践性非常强的科学,相应地,集成电路人才的培养需要贴近产业需求的实践训练环节。而这一昂贵的实践训练环节正是目前我国集成电路人才培养体系中最薄弱、最难执行的环节,因而导致高质量集成电路人才匮乏,也导致我国集成电路产业长期落后于西方发达国家。

(二)配套举措

2011年,华南理工大学提出产学研协同育人新理念,通过机制创新,促进多种创新要素的有效融合,多学科、跨部门的协同集成,创造差异性、互补性的资源优势,促进学科发展,提高科研水平;同时改革人才培养模式,营造人才培养的氛围环境,强化学生相应的能力培养,从而构建起面向高素质拔尖创新人才培养的产学研协同育人体系。

针对我国高校集成电路人才的培养存在的不足,围绕多方协同、本硕贯通的集成电路人才培养进行教育改革,提出了学科交叉、本硕共享的课程体系,并按产业发展趋势调整培养方案;建立了政企校研融合协同育人机制,完善理论知识体系与实践培养体系;通过竞教融合,强化学生创新意识,提升学生创新能力;打造了适合产业需求的集成电路人才培养途径。

1. 多方协同的人才培养模式

华南理工大学提出的多方协同、本硕博贯通的新工科集成电路人才培养模式构建如图5-13所示。

(1)与市场需求结合,制定产学深度融合的新工科集成电路人才培养方案

本质上,从传统的"以学为主"强调在校基础知识学习以及适度的校企合作,转向突出产学、科教等多方协同的集成电路领域人才培养,有针对性地进行培养目标调整,突出产学协作或产教融合、科教协同等几个方面。

---

① 广东省科协,广东省科技厅.面向未来移动通信与雷达应用的毫米波太赫兹技术[C].广州:粤港澳科技,2019.

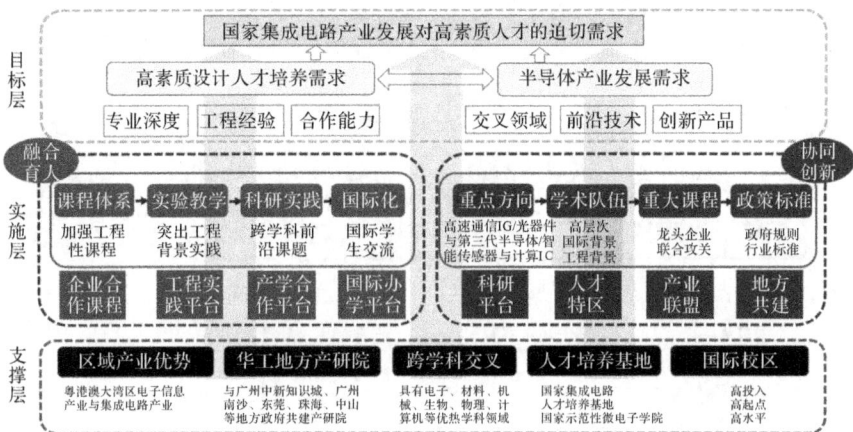

图 5-13　多方协同、本硕博贯通的新工科集成电路人才培养模式构建

（2）重构多方协调育人模式课程体系

重构多方协调育人模式改革实践启动课程体系，重点体现在强化专业基础教育、参与科研重大项目与产业工程实践等几个方面。首先，专业基础课程优化。课程体系优化主要从以下四个方面强化基础教育环节：加强辩证思维基础、加强数理化基础、增强计算机基础、优化高阶专业基础课。其次，专业特色课程强化。专业教育课程主要由大类平台课程、专业核心课程、新生研讨课等课程组成，重在强化数理及专业基础。专业核心课程设置围绕集成电路产业链，即集成电路设计—集成电路制造—集成电路封测与可靠性—集成系统设计—半导体领域所必需的知识体系，面向物联网、人工智能等应用趋势，以扎实理论基础、强化工程实践、注重交叉融合、开阔国际视野为人才培养目标。在专业贯通式课程（选修课程）模块里，设置了交叉学科课程模块。

上述专业核心课程依托"集成电路人才多方协同育人模式改革与实践"的新工科项目，以本研共享课、校企合作课、竞教结合、创新实践课、专题设计课几个模块进行特色课程建设。

（3）与工程实践结合，搭建多方协同的实践平台

华南理工大学积极探索以集成电路设计产业需求为出口的工程型人才培养，在传统人才培养体系的基础上，采用"学校—企业—学校"三明治式的培养模式，在多层次多环节突出产业需求的导向作用，强化学生的实践动手

能力，向社会提供具有系统性理论知识、丰富工程背景、实战型的高素质人才。"三明治"式的集成电路芯片设计全流程训练培养模式如图 5-14 所示。

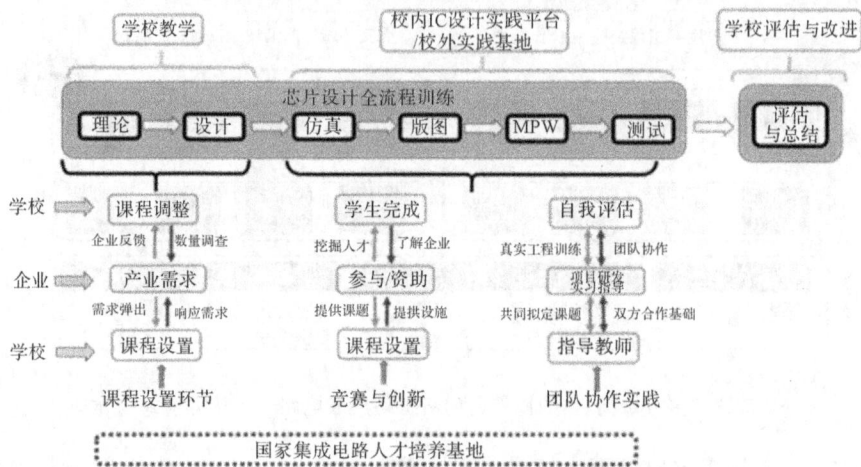

图 5-14 "三明治式"的集成电路设计全流程训练培养模式

工程实践改革，主要内容体现在产学、产教与科教等多通道融合协同育人模式的实践环节中。具体在产学协同构建校企合作平台、建设校企合作课程等实践基础上，引入科教融合中的重大项目参与或实践等环节。

产学协同方面，继续优化原有工程实践培养环节，包括加强校企协同育人平台、优化校企合作课程、优化区域产学研项目合作等。

加强校企协同育人平台。为深入推进产学融合人才培养模式，根据产业人才需求特点，主要加强原有全流程集成电路设计的实践，并从课程内容、实训平台、条件支撑、区域产业对接等多方面深化合作共建。

优化校企合作课程。沿用原有特色的双导师制，由企业导师和校内导师共同指导完成短期工程项目与毕业设计课题等。并深化校企共建工程实践课程，扩大校企共建合作课程范围，由企业专家系统深度参与工程实践指导与训练等。目前，实践方面，已建立了"集成电路产业化基地、龙头企业、科研院所"三位一体的企业合作圈，合作企业覆盖了"设计—制造—封测—整机"集成电路全产业链。

学校结合企业需求设置课程体系，企业将课程效果反馈给学校。在珠三角集成电路产业布局中，设计业为重中之重，为与之相适应，我们在课程设置中强化了设计与测试等实践课程。企业在学校的调查问卷中反馈课程设置的合理性及有效性等,学校根据企业反馈及时调整课程设置。通过"学校设置—企业反馈—学校调整"这一闭环,突出了珠三角集成电路产业需求在课程设置中的导向作用,构建了具有区域产业特色的课程体系。

为了充分发挥企业在人才培养中的协同作用,组建了产学研专家委员会,聘请广州市半导体协会会长、企业千人、企业研发总监等担任委员,部分委员同时聘为学校兼职教授,校企双方共同参与培养方案制定,共同探讨建设校企合作课程。为增进企业与在校师生的紧密联系,企业在校内设立了俱乐部,开展各种讲座,营造出一个校企实时交流的活动平台,如"华工—TI"俱乐部、"华工—CVTE"俱乐部。

在实习实践环节方面,已与20余家珠三角集成电路龙头企业、IC产业化基地、科研院所达成了合作协议,共同培养集成电路人才。为了更好地开展学生赴企业实践活动,采用"校内学科导师制"与"企业工程导师制"的"双导师"模式,同时制定了一系列政策,保障实践项目的顺利落实。通过学生参与真实的企业研发设计工作,在真实的工程项目研发中,进行了真实的训练过程。学生实习题目可以是老师与企业合作研发项目的一部分,也可以是企业自身研发项目。学生在实习实践期间,每个月做一次自我评估,以保证实习实践的质量。通过"双导师指导—企业实践—学生自我评估"的做法,学生在真实的工程项目、学校真实的工程环境中,得到了实战训练,同时在实习过程中与其他项目成员共同分工合作,提升其团队协作素养及项目管理能力。

2. 师资队伍建设

学校微电子学院在现有师资队伍的基础上,采用"培养＋引进"举措,建设一支具有"三三制"结构的高水平师资队伍,即现有教师1/3、引进教师1/3、企业教师1/3。对现有教师,注重师资培养:一方面选派年轻教师到企业锻炼,从而提高现有教师实战经验和工程化水平;另一方面,选派骨干教师到国外相关领域的高水平研究机构和高校进修深造或短期访问,促进现有教师更好地熟悉学科前沿,从而提高教学和科研水平。在引进教师方面,侧重引进具有在国外知名大学学习经历和国外大型企业工作背景尤其是集成电路企业工作背景的高级工程化人才。

学院坚持不懈地积极引进海外优秀人才,目前已汇聚了一支年轻化、国际化、高水平的教学及科研团队,同时还聘请了来自海外高校与国内企业

(含海外高层次人才)的兼职教授和海外客座教授。为快速准确地把握电子信息领域的发展动向,学院鼓励教师参加一些有较大影响力的专业培训与业界论坛。连续多年派送教师同国内企业工程师一起参加工信部和国家外专局组织的欧洲微电子研究中心(IMEC)集成电路设计培训,以提高教师的工程实践讲授能力。为了更好地推动学院的建设,学院还成立了由海内外学术界顶尖专家组成的学院海外发展顾问委员会,以及由国内知名专家和产业界精英人才组成的学院发展顾问委员会。

3. 科研项目建设

科研项目建设,特指新培养模式下学生参与科研创新,即启动学生参与重大科研攻关项目的培养机制,重点依托本专业所有研究方向的各类科研平台,包括国家移动超声探测工程技术研究中心和10余个省部级重点实验室或工程中心,加强学生参与科研项目的力度。

学院的科研实力较雄厚,承担了一批包括国家重点研发计划项目在内的国家级、省部级项目。同时学院的学生都配有“学业导师”,学业导师负责学生的思想和学习情况。因此,学院学生可在本科阶段提前进入导师课题组,通过科研项目或重大课题引导,培养早期的科研思维与方法。与此同时,学生还可以在本科和研究生阶段参加包括国创项目、百步梯攀登计划、SRP等其他校内的自由创新项目。本学院学生参与科研项目比率超过50%。

在产学协同科研攻关方面,学院教师与大部分企业都建立了产学合作关系,展开面向重点领域、产业重大需求的联合攻关以及科研项目建设下的科教融合培养模式,承担企业委托项目(如华为、京信通信、美的)开展科研合作,与企业一起联合攻关,建立学生联合培养的项目合作机制。

4. 资源拓展

(1)产学协同,以产学破壁深化专业改革

集成电路与微电子相关专业与我国集成电路、半导体产业紧密相连,必然要求紧密的产学协同专业改革举措。就产学协同具体举措而言,专门建立各类集成电路产业化基地、龙头企业与科研院所构成的三位一体的协作圈,覆盖大湾区的龙头企业与知名研究机构。一方面,为提高人才培养的有效性,建设产学协同人才培养模式与机制;另一方面,努力探索校企合作课程体系改革,通过产学协同引进集成电路产业界知名企业的工程实践项目,开展项目式教学探索,产学共建软硬件综合实验平台,提高学生创新能力,加强教师综合实践培养的能力。

进一步,充分挖掘运用国家、地方的扶持政策,发挥合作科研院所与本土基础研究的优势,与集成电路产业人才培养有机统一,探索教师队伍与(中科院研究所或其他境内研究团队等)科学家、技术专家、企业工程师共同协同育人的培养模式。成立校外导师专家库,与一流的研究所或科研团队共同探索课程教学规划。目前学院已经与中科院微电子研究所、中科院自动化研究所签订战略协议,并将进一步拓展合作渠道。

在产学协同实践基地的建设方面,学院和深圳雷曼光电、中兴通讯微电子研究院、微软北京研究院、华为技术、三星电子广州通信研究所、泰斗微电子公司、安凯微电子公司、广州视源电子、TCL通讯科技控股有限公司等25家企业合作联合建立了实践基地。值得一提的是,面向广州市逐渐发展成熟的集成电路产业链,学院与广州市半导体协会一起开发了"设计—制造—封装与测试—系统集成"覆盖全产业链的本科生毕业实习方案,效果良好。校外实践基地按学生参与企业项目的深入程度,从参观、短期实习(7天)和长期实习(6个月以上),发展成为长周期的产教融合人才培养模式。

学院积极探索校企产学研合作项目,推动学生实习建设的模式建设,加强校企互动。学生深入企业实习期间,学院领导及工作组不定时探访,同时检查学习实习报告,关心学生实习情况、生活状况,吸收反馈意见,并不断完善到培养方案中。

(2)竞教协同,以产学破壁提高学生创新能力

全国大学生集成电路创新创业大赛由工信部人才交流中心主办。该赛事的赛题大部分来自企业,是典型的"产学融合"比赛。因此,项目组采用竞教融合的方式,积极组织全国赛华南赛区的赛事,并聘请来自企业研发一线的专家担任评委。通过赛题,建立工程实践案例库,丰富实践内容。同时加强校企互动,一方面让企业了解学生的学习状况,另一方面可以从企业的视角,将人才培养中的不足反馈给高校。

(3)构建多方位的国际化合作平台

近两年,华南理工大学集成电路相关专业积极加强与欧洲大学或机构的合作,目前已与比利时鲁汶大学、欧洲微电子研究中心、意大利都灵理工大学、瑞典林雪平大学等展开初步合作,并在传统的"2+2""3+2"项目基础上,积极推动中短期联合培养国际合作项目。与此同时,学校还将持续派遣

青年骨干教师前往世界领先研究机构如欧洲微电子研究中心进行深造学习，并以此扩大教师及学生的国际交流范围。

华南理工大学位于粤港澳大湾区，因地域优势，学院教师与粤港澳大湾区多家高校教师交流频繁，除了共同承担广东省重大科技项目以外，还进一步促进粤港澳大湾区境内外协同培养合作。2019年成功与澳门大学工程学院签订了"2＋2"双向联合项目（开国内高校先河），依托模拟与混合信号大规模集成电路国家重点实验室，双方共同开展集成电路人才培养，推进大湾区人才流动。

（三）特色与成果

1. 案例特色

（1）多方协同育人培养模式

针对我国集成电路工程型人才培养的主要问题，华南理工大学以国家集成电路人才培养基地（以下简称为"基地"）和国家示范性微电子学院为纽带，以学生实践能力成长为导向，以产业需求为出口，深层次探索面向产业发展的多方协同育人模式改革与实践。重点开展以下两方面的研究。

探索政企校研多方协同育人培养模式。紧紧围绕政企校研融合协同这一出发点开展全面的教育改革。国家已经出台《集成电路产业发展推进纲要》，大力提升集成电路产业发展，同时教育部等六部委已发文要建设示范性微电子学院，并强调产学研融合的协同作用。通过充分挖掘国家、地方的扶持政策，发挥龙头企业、科研院所的产品研发、科学研究等方面的优势，与学校的集成电路人才培养有机统一起来，建立起多方协同育人培养模式。

建设多学科融合的人才培养机制。本项目在人才培养方案、课程体系设置、实践环节设计，以及实习实践指导等多方面，与相关学科如计算机、通信、自动化、智能制造、光电子、生物医学等多学科融合，提升在集成电路人才培养过程中的学科融合与知识创新训练。

本项目以政企校研协同育人作为出发点，突破传统人才培养实践环节薄弱的瓶颈，及时更新与产业接轨的理论知识体系与实践训练，打造适合产业需求的集成电路工程型人才的培养新途径。

（2）与产业接轨的实践平台

华南理工大学针对集成电路人才培养的特点与产业界对集成电路人才的需求，在传统人才培养体系的基础上，注重国内外、校内外多方协同，努力构建集成电路设计全流程实践平台，实行多方位的国际化合作模式，力争培养理论基础扎实、国际视野宽阔、工程能力突出、富有主动精神及创新能力的集成电路高端复合型人才。

学校制定了注重国内外、校内外多方协同的人才培养方案,提高学生国际竞争力。在课程体系设置环节,突出了集成电路产业需求在课程设置中的导向作用,并面向 5G 通信、人工智能、物联网等新一代信息技术发展需求,构建了具有新工科特色的课程体系。在增强产学融合的实践环节,与国外高校的 Capstone 课程接轨,增设了"集成电路设计实践"等综合性、设计性课程,通过产学融合、竞教融合,建立课程案例库,提高学生的创新能力。

学校构建了与工业界接轨的集成电路设计全流程实践平台,提高学生的实践创新能力。在实习实践环节方面,与 20 余家珠三角集成电路龙头企业、IC 产业化基地、科研院所达成了合作协议,共同培养集成电路人才。建立与企业研发环境相仿的集成电路设计实践平台和半导体器件与集成电路测试平台,如基于 ARM Cortex-M0 内核的片上系统芯片(SoC)设计实践平台,受到学生与企业界的欢迎。组建产学研专家委员会,聘请广州市半导体协会会长、企业千人、企业研发总监等担任委员,共用建设实践课程。

2. 建设成效

(1)集成电路人才培养质量明显提升

学生创新实验项目丰富。近三年,创新项目("国家大学生创新实验计划""中央高校基本科研业务费本科生自主选题项目""学校大学生研究计划")共立项 71 项,有 250 人次参加。

学生奖项硕果累累。2017—2019 年,华南理工大学学生获国家级二等奖以上 20 项,省级一等奖 40 项。2017—2019 年,连续在三届国家级集成电路创新创业大赛中获特等奖 2 项、一等奖 3 项、二等奖 5 项、三等奖 18 项,获奖奖项和数量位居全国示范性微电子学院高校前列。2017—2019 年,本科生发表论文 23 篇(其中 SCI 收录 6 篇,EI 收录 15 篇),本科生申请发明专利 43 件。

(2)得到同行专家和产业界充分肯定

获得多项教学成果奖。华南理工大学不断凝练教学改革工作,积极申报教学成果奖,荣获国家教育教学成果二等奖、广东省教学成果一等奖、广东省教学成果二等奖、校级教学成果一等奖等奖项。

获批广东省产业学院。2019 年 6 月,华南理工大学获批广东省首批"本科高校示范性产业学院——微电子学院"(全省仅 10 家),成功将新工科建设理念融入微电子学院建设,积极探索面向产业创新的新型人才培养。

获批多项重点科研项目。华南理工大学与广东省内集成电路龙头企业建立了深厚的产学研合作关系,2018—2019 年获批国家重点领域研发计划项目课题项目 1 项,广东省重大科技专项 10 项,广州市重大产学项目、广州市对外合作项目 8 项,获得科研经费 4000 多万元。

获批广东省实验室。2019 年 8 月,华南理工大学作为牵头单位获批"广州人工智能与数字经济广东省实验室",获建设经费 20 亿元。微电子学院将承担省实验室 6 个研究领域之一"人工智能专用芯片与先进计算"的建设。

五、面向产业创新体系的建构路径分析

(一)路径内涵——工程教育体系与产业体系"破壁"

我国经济发展正处于结构调整、转型升级的攻坚期,以互联网为核心的新一轮科技和产业革命蓄势待发,新技术、新产品、新业态和新模式蓬勃兴起。工程教育与产业发展联系紧密、互相支撑,新产业的发展依靠工程教育提供人才支撑。高校以新经济特征中的"新技术、新产业、新业态和新模式"为引导,统筹考虑"工科人才培养的新要求",从"供给侧"方面打破工程教育体系与产业体系之间的壁垒,改造升级传统工科专业,加快培养新兴领域工程科技人才,提供更加优质的工程教育服务是面向前沿产业重构工程教育体系的应有之义。

(二)路径特征——促进人才链、创新链与产业链的融合发展

产业的转型升级与新产业形态的产生,产业发展模式的改变,对人才的知识结构提出了新的挑战,需要兼顾扎实的专业技术和复合型知识背景。与此同时,产业分工进一步科学细化,形成新的生产方式、产业形态、商业模式,对人才的多样性、专业性、创造力提出了更高的要求。由于高等学校在人才培养过程中追求稳定性的诉求,教学内容、教学方案、教学计划往往以微调为主,变化不大。而市场性强的企业运营机制则具有"短、平、快"的特点,对新技术更敏感、时效性更强、响应速度更快,与高校稳定、固化的教学机制有一定冲突。因此,传统工程教育模式固化,教学内容更新滞后,实践水平落后于产业需求。

产教融合是立足产业发展,对高等工程教育人才培养目标、要求和实现途径所给出的高度概括。以产学深度合作为依托,通过将人才培养供给侧

和产业需求侧结构要素全方位融合,中国工程教育体系可将企业的需求与愿景、技术与产品、人力与资金、环境与平台等多元要素融入育人体系,实现工程教育与工程实践结合、与经营管理结合、与市场需求结合、与资本价值"四个结合",建立产业与高校之间的基于信息融通、资源共享的协同育人体系,以实现人才培养供给侧和产业发展需求侧在结构、质量与水平上的高度契合,提高高校为经济社会发展服务的能力。教育部首批新工科研究与实践项目涉及"新工科"综合改革类项目 202 个,在总结卓越工程师教育培养计划等工程教育人才培养模式改革经验的基础上,深化产教融合、校企合作的人才培养模式改革,探索体制机制改革和大学组织模式创新,制订新工科专业人才培养质量标准、教师评价标准和专业评估体系,探索高校分类发展、工程人才分类培养的体系结构,有些项目还提出了推进工程教育办出特色和水平的宏观政策、组织体系和运行机制。本书选取浙江大学、南京大学、重庆大学、华南理工大学 4 个典型案例样本,验证了产教融合促进"四个结合"是构建面向产业前沿的中国特色工程教育体系的核心特征。

(三)路径要素

面对机器人这一战略性新兴技术和产业的兴起,浙江大学整合优势资源,由竺可桢学院、控制科学与工程学院、机械工程学院、浙江大学机器人研究院、浙江大学科教发展战略研究中心、海外合作高校、校外合作企业等合力共建智能机器人拔尖人才培养新体系。该项目设立"智能机器人创新班",依托国家级教学基地,统筹校内外资源,从企业实际应用需求出发,通过探究型、过程型和深度型等不同层次的实践课程,构建实践、创新、团队合作、问题解决等多重能力导向的实践教学体系,鼓励学生到企业开展在岗实习,到机器人研究院开展课题实习,到境外开展交流学习,在经营管理的实践中强化多学科交叉知识的学习与应用,提升学生解决实际问题的能力。

南京大学对接电子信息类产业全新需求,提出了"三新五结合"的电子信息类工程科技人才培养模式改革与实践的基本思路。通过学院和相关企业院所成立联合教学指导专家组,建立"校—企—所"人才培养计划联合审定制度、联合教学指导专家组听课制度、企业项目实训制度、教师学术休假进企业制度等,南京大学梳理和调整了电子信息类专业发展方向、人才培养方案和课程设置,构建"新工科"协同育人新机制;通过建设工程创新训练中心,与产业界优秀企业强强联合申报产学合作协同育人项目、共建校外实践教学基地,南京大学强化工程实践教育环节,为学生更好应对真实工程情境培养夯实基础。

重庆大学以"双一流"建设为契机,依托先进制造一流学科群的优势和特色,结合制造业发展和国家重大需求,跨学科联合共建机器人工程专业,通过校企协同育人,重庆大学研究跨学科交叉融合的先进制造工程人才培养教学模式,制定了"2+1+1"跨学科协同育人课程体系,并联合企业搭建先进制造跨学科创新实践教学平台,为先进制造工程人才多元协同创新能力培养模式做探索、标准尝试和质量监督。

华南理工大学以集成电路产业需求为出发点,结合实训企业实际情况,保障实训企业利益,归纳出工程型集成电路人才培养过程的三个关键要素:课程平台与实践平台无缝衔接、创新能力成长与工作环境的协同配套、校内人才培养与产业发展需求保持同步。此外,华南理工大学重视人事制度改革,通过"三个一"模式建立具有先进的教育理念和教学水平的国际化师资队伍:师资中将有约 1/3 的教师是国际化高层次人才引进的学者,1/3 的教师来自现有教师队伍,1/3 的教师是从知名龙头企业聘请高级技术专家。进一步加强国际合作和产学研深度融合,提升学生国际视野和竞争力。

总结来看,面向产业前沿的中国工程教育体系建构路径要素主要是三个,包括混合型师资队伍、开放式课程体系、校企联合研究中心。通过这些关键要素的设计,实现了产教融合发展的"破壁"效应,建构了面向产业创新体系发展前沿的工程人才培养新体系。

第六章 新范式迭代下的高等工程教育

第一节 高等工程教育的创新范式

本书基于"总体趋势—我国现状—变革识别—案例分析—政策建议"逻辑框架,首先全面梳理回顾了高等工程教育体系的演化发展;其次立足国情,对国内工程教育体系的演化进行深入分析,并在此基础上识别出新时代工程教育体系面临的两大变革;接着通过案例分析,从微观层面解构并回应了新时代我国特色工程教育体系构建的具体实践;最后在此基础上,本章通过自下而上的方式,尝试对我国工程教育体系的构建与实践提出若干可供借鉴的建议。

随着新一代信息技术引发的技术和产业革命席卷全球,工程场景、产业形态、工作方式均发生了不可估量的剧烈变革。以"新工科"运动为起点,全球工程教育发展正逐步从"工程范式"转向"创新范式",开启新一轮变革。主要体现在以下两个方面。

一是知识结构的变革。从学科交叉到学科会聚,推动工程教育学科破壁。随着信息化革命的兴起,信息空间(Cyber)开始成为世界空间的新一极,知识结构也由二元(物理空间+人类社会)向三元(物理空间+人类社会+信息空间)空间拓展。为适应三元的知识空间,工程教育需重构人才所需的核心知识结构,将原有的工程知识、技术知识升级换代,在教学中不仅需要注重科学知识的传授,更要将不同类别的知识进行融合式整合,构建层次丰富、纵横交织的知识结构网络。在"新工科"中具体表现为"新兴工科"与

"新型工科"的建设,要求从单一学科、多学科到学科交叉再到学科有机会聚,工程教育各学科单元间的界限被不断打破,如"机器人工程",是集新材料、新工艺、新能源、全球定位导航、移动互联网、云计算、大数据、自动化等多种学科和技术的产物;再如"智能科学与技术"专业是一门融合了电气、计算机、传感、通信、控制等众多学科领域,多学科相互合作、相互研究的跨学科专业。因此,从"学科交叉"走向"学科会聚",推动工程教育知识破壁,是当前工程教育发展的重要趋势之一。

二是教育组织的变革。一方面,自《关于深化产教融合的若干意见》发布(以下简称《意见》),产教融合已上升为国家教育改革的重要制度安排,《意见》重点强调了企业重要主体作用,支持企业需求融入人才培养,由人才"供给—需求"单向链条,转向"供给—需求—供给"闭环反馈,促进企业需求侧和教育供给侧要素全方位融合。另一方面,以智能产业为牵引的新一轮产业变革如火如荼。以制造业为例,既需加快与数字经济融合改变传统的生产方式和经营理念,也需加快与服务业高度融合催生个性化定制、柔性化生产的商业新模式。然而,据《制造业人才发展和规划指南》中清醒分析和预测,制造业十大重点领域到2050年仍将缺口专业人才近3000万人,如新一代信息技术产业将缺口近950万人。以上现状无一不在驱动工程教育环境破壁,打通产教壁垒。因此,从"科教协同""产学协同"走向"科教产融合",驱动工程教育环境破壁,也是当前工程教育发展的重要趋势之一。

面向智能化为特征的新型工程问题,以数字化技术在工程教育上的深度应用为手段,推动构建"智能工科+"科教协同的工程教育体系;持续推动科教产融合的"破壁效应",促进人才链、创新链与产业链的融合发展,完善基于创新的工程创业教育体系,已然成为当前科教领域的热点话题。

在知识体系的内生性变革与产业体系的外生性变革的共同作用下,我国高等工程教育范式以"新工科"运动为起点,正从"工程范式"迈入"创新范式",以"与新型工程(New-Engineer)结合""与产业链(Industrial Chain)结合""与数字化(Digitization)结合""与商业模式(Commercialization)结合"等四个结合为主要特征,即坚持以问题为导向培养学生工程实践能力,坚持以需求为导向培养学术工程设计能力,坚持以应用转化为导向培养学生创新创业能力,坚持以智能技术为抓手培养学生数字创新能力,开启中国特色工程教育下一个新纪元。

与新型工程结合:新工业模型指导下,新时代高等工程教育体系呈现出

"集成与融合"和"智能与创新"的新特征,要求工程教育要与"新型工程"相结合。具体来说:一是新型工程问题提出智能化,随着人工智能技术的不断发展,必将形成融入科研活动全流程的智能辅助技术体系和工具体系,推进基于数据驱动的科学研究工作;二是新型工程问题解决智能化,以计算机视觉、自然语言处理和机器学习等为代表的人工智能技术已在海量文献智能分析与推荐、实验操作流程辅助等科研活动中承担了部分重复性繁重工作,特别是在生物医学、化工等领域中,帮助研究人员节约了大量时间,使其能够聚焦科学问题本身,激发其创造性。[①]

与数字化结合:数字化所带来的创新主体虚拟化、创新过程智能化、创新要素数字化、创新组织平台化,可以为数字链、物流链、创新链在线上线下低成本交融提供新的组织空间,也可以为各类创新主体提供低成本的创新要素[②],可以在工程教育领域内实现数字化工程教育的增量创新和工程教育数字化的赋能创新。如浙江大学智云实验室的"三通一体"构建学习空间,清华大学"雨课堂"大规模实时交互式在线教育,均体现了:(1)多方要素优化组合,完善在线教育组织结构;(2)多种工具灵活配合,搭建在线教育慕课平台;(3)多级主体强化责任,建立在线教育培训体系;(4)多类弊病对症下药,优化在线教育设计方法。

与产业链结合:工程教育实现生态化,形成"校—企"双循环。把握各自优势资源,成为对方的互补性资源,便于补链强链。如天津大学新工科实验班"恩智浦班"和清华大学能源互联网专业,融合校企双方优势资源,建立校企协同育人平台,充分发挥企业育人主体角色,使企业全程参与人才培养,构建人才培养的新模式。

与商业模式结合:构建基于创新的工程创业教育体系,打造"以市场需求为导向,经营管理为抓手,资本价值为辅助"的商业模式。具体来说:一是坚持以需求为导向,突出强调机会识别能力、工程科技设计能力的培养;二是坚持以应用为导向。突出强调沟通能力、领导能力、管理能力、工程科技创新能力等的培养;三是坚持以转化为导向。突出强调商业价值识别能力、

---

① 罗威,罗准辰,雷帅,程齐凯,陆伟,张瑾,韩涛,冯岩松,韩先培,冯冲,张均胜,刘志辉,乔林波,李东升,许儒红,陈敬一.智能科学家——科技信息创新引领的下一代科研范式[J].情报理论与实践,2020,43(1):1-5+17.

② 魏江,刘洋,等.数字创新[M].北京:机械工业出版社,2020.

创新创业能力等的培养。如全国"互联网＋"大学生创新创业大赛，与行业产业共同开展创新设计大赛等课外竞赛，鼓励师生结合市场需求、市场问题设计课题，探索以创投专家为评委、以市场化方式评审项目的运行机制，聚集和整合人才、技术、资本、市场等各种创新创业要素，引导社会各界力量支持创新创业，实现以赛促学、以赛促练、以赛促教。

综上，面向智能化为特征的新型工程问题，以数字化技术在工程教育的深度应用为手段，推动构建"智能工科＋"科教协同的工程教育体系；持续推动产教融合的"破壁效应"，促进人才链、创新链与产业链的融合发展，完善基于创新的工程创业教育体系。

第二节　工程教育支撑科技自立自强

一、科技自立自强战略下工程教育的突出挑战

当今世界处于百年未有之大变局中，新一轮科技革命与产业变革加速。与此同时，全球化与逆全球化、单边主义与多边主义等国际形势复杂多变，逐渐打破了以交易成本理论主导的产业链全球化发展结构，国际产业发展格局正在深度调整。我国从战略全局出发，提出"坚持科技自立自强作为国家发展的战略支撑"，推动构建国内大循环为主体、国内国际双循环的新发展格局，对我国掌握竞争和发展主动权、实现第二个百年奋斗目标具有极端重要的意义。

实现科技自立自强，包括了科技自立、科技自强两个方面问题。科技自立，即立足于本国关键核心产业领域的安全发展，实现科技的自主可控。我国制造业总体上仍处于全球价值链的中低端，集成电路、基础软件、高端装备等领域关键核心技术受制于人的局面还没有得到根本性的解决。企业投入技术自主创新、开展"卡脖子"技术攻关的意愿还不强、力量还不够，贯通从"0—1"到"1—N"的成果转化问题尚未得到有效突破。科技自强，即面向战略新兴市场、未来产业领域的优化发展，实现科技的自立图强。开展基础研究和基础应用研究是实现科技自强的重要路径，但我国基础研究仅占全社会研发投入 5％左右，远低于西方发达国家，缺乏支撑科技自强的重大科学发现、原创性技术成果。在科睿唯安发布的《2022 年度全球百强创新机

构》报告中,中国大陆企业仅5家上榜。除此之外,构建产学研深度融合的技术创新体系,提高国家创新体系整体效能,是实现科技自立自强的系统环境。通过解决科技与经济"两张皮"的问题,提升科学发现、技术创新和产业发展的三轮联动效应[①],促成创新链和产业链、科技成果与市场需求的有机衔接,实现高水平技术创新的自主性以及技术创新的引领性,以重大科学成果应用、技术自主创新来掌握竞争与主动发展的新优势。[②]

面向科技自立自强的人才发展框架(见图6-1)。工程教育与科技发展、产业创新紧密联系,为社会培养输送了大量不同学历层次、专业学位类型的工程科技人才。我国高等教育工科在校生占到1/3,工科毕业生占全世界总量的1/3以上,在实现科技自立自强中发挥着重要作用。为响应支撑科技自立自强发展战略,直面全球产业链的深度调整,工程教育必须主动适应科技发展、产业创新的需求,培养能够解决"0—1"行业前沿科技(leading frontier technology)、"1—N"关键核心技术(key core technology)、"N—100"应用创新技术(applied creative technology)等复杂工程问题的科技人才,加快学科、专业与产业的协调融合发展,持续优化工程科技人才的培养结构、培养质量、培养环境,以人才的"能动性"助力科技发展的"引领性"。

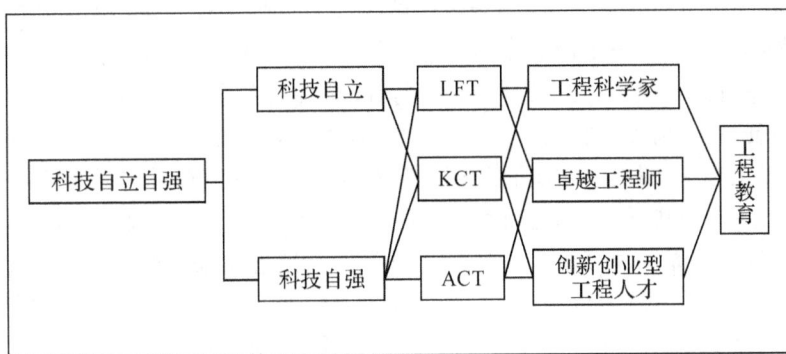

图6-1　面向科技自立自强的人才发展框架

---

① 景安磊,钟秉林.一流工程技术人才培养的形势、问题和路径[J].国家教育行政学院学报,2020(3):65-70.

② 张光宇,等.新型研发机构研究:学理分析和治理体系[M].北京:科学出版社,2021:115.

面向科技自立自强的战略要求，亟须提升在行业前沿科技、关键核心技术、应用创新技术等领域的科技竞争力，培养具有突出技术创新能力、善于解决复杂工程问题的工程师队伍，其中最为重要的就是工程科学家、卓越工程师。工程科学家是以人工物科学为研究对象，能够将科学理论应用于解决技术、工程问题，嫁接科学和工程之间桥梁的重要角色。① 区别于自然科学家天马行空、探索未知的研究特点，工程科学家直接服务于人类改造世界的实践。工程科学家除了应掌握解决工程问题的科学基础、工程设计和实施的原理，以及开展工程分析的数学方法、将基础研究成果转化为解决实际问题的技能，还应该具备开展跨学科研究和应用牵引的基础研究能力。卓越工程师是指主要从事产品创新或者工程项目研究、开发以及工程科学研究的技术人才，具备自主研究专利技术、设计开发自主知识产权新产品、高技术含量工程项目的能力。② 其核心能力素质要求培养应重视发挥实践作用，坚持理论实践结合、学习应用结合、校内校外结合、专业交叉融合，在实践到理论再到实践的培养过程中突出实践意识的培养和工程素质的强化。③ 本书将卓越工程师定义为具有战略视野、社会责任、专业知识、创新能力的高层次工程科技人才，能够准确把握科技创新前沿趋势与社会经济发展需求，以高度的社会责任感高效地组织科技创新活动，整合多学科领域专业知识进行技术研究与产品开发，解决面向世界科技前沿、经济主战场、国家重大需求、人民生命健康的复杂工程问题，有力推动产业高质量发展。

工程科学家和卓越工程师都是国家战略科技人才。工程科学家更加侧重前端的行业前沿科技、关键核心技术，卓越工程师更加侧重后端的技术创新工程化应用，两类人才既有效衔接又互为补充。只有前端与后端相结合，才能有效贯通科学、技术与市场，加快推动重大科学发现、原创技术成果的落地转化，支撑实现高水平科技自立自强。总结近年来高校工程科学家和卓越工程师教学培养经验，走马观花式实习依然存在，千篇一律、更新缓慢的实践教学难以匹配产业发展快速变化的需求，创新意识和创新能力培养

---

① 钱学森.工程和工程科学[J].工程研究——跨学科视野中的工程,2010,2(4)：282-289.

② 林健."卓越工程师教育培养计划"通用标准研制[J].高等工程教育研究,2010(4)：21-29.

③ 周如金,范忠烽,刘美.新时代卓越高等工程教育路径创新探索[J].高教探索,2021,221(9)：9-12.

缺乏实际抓手[1],跨学科的研究范式尚未形成。迫切需要改革发展工程教育以推动工程技术人才培养,支撑科技自立自强。

以工程科学家引领工程科技的发展。人类正在走进一个人工自然时代,工程科学同自然科学不同,它是关于世界中各种各样的人工物的科学,了解工程科学不仅是工程实践的前提和基础,而且是确保工程可持续运行的首要环节。无论是科技创新还是产业发展,本质上都是人促成的,一流人才必然促成科技创新的快速发展、产业经济的迅猛崛起。因此,在工程科技发展中,我们需要培育大批具备多学科知识和跨界整合能力的工程科学家,积极主动、自觉有意识地进行开拓性研究,避免再次出现"卡脖子"关键核心技术长期得不到解决的窘境,实现科技的突破性创新,引领工程科技发展。

培养卓越工程师以提高我国关键核心技术创新能力和解决复杂系统工程问题的能力。当下,新一轮的科技革命和产业革命正在重构国家创新版图、重塑全球产业结构,科学技术从来没有像今天这样对国家命运产生如此深刻的影响。中国要实现科技自立自强就一定要大力发展科学技术,进行科技创新,突破科技发展的瓶颈问题。建设世界科技强国,必须有卓越工程师作为其人才支撑。创新能力和问题解决能力是一个优秀工程技术人才的基本特征,是卓越工程师之所以"卓越"的重要标志。[2] 凭借其能力进行关键性技术创新,进而引发质量变革、动力变革,促进科技创新发展。

以创新创业型工程科技人才打通科技创新与成果转化链条,弥合创新链与产业链之间的缝隙。当前我国正处于制造大国向创新型强国的转变阶段,我国的产业发展和科技创新亟须打通科技创新与成果转化的"堵点",推动科技成果高效率、高质量转化,促进产业经济转型升级。在依赖要素投入、技术引进的情况下,"低垂的果子"被摘完之后,我国产业在迈向中高端、进入产业链价值高地上处于"旧的减弱,新的未起"的尴尬境地。[3] 在这样的窘境下,我们需要培养一批高素质、复合型、创新创业型的工程科技人才,把握市场产业需求动向,打通"创新—产业"这一传导环节,促进创新链和产业链双向互嵌、协同发展、迭代循环。

---

① 陶宇斐.我国高等工程教育实践教学发展研究(1990—2019)[J].上海交通大学学报(哲学社会科学版),2021,141(29):156-166.

② 林健.卓越工程师创新能力的培养[J].高等工程教育研究,2012(5):1-17.

③ 张学文、陈劲.科技自立自强的理论、战略与实践逻辑[J].科学学研究,2021,39(5):769-770.

二、工程教育支撑科技自立自强的理论逻辑

工程教育是工程与教育交融而成的综合系统,工程的本质属性和教育的育人功能决定了工程教育的性质、目标与发展趋势。工程教育的产生与工业发展密切相关,是根植于技术创新与工业革命的教育体系。随着科技进步与产业变革,工程教育发展范式也在从早期单一的"技术范式",不断进阶为"科学范式",再到回归工程本身的"工程范式"演化。我国工程教育范式具有与国际工程教育发展相一致的三阶段演化脉络。进入新时代,在知识体系重构、科技和产业变革的共同作用下,我国高等工程教育以"新工科"为起点也开启了具有中国特色的"创新范式"变革(见图 6-2)。

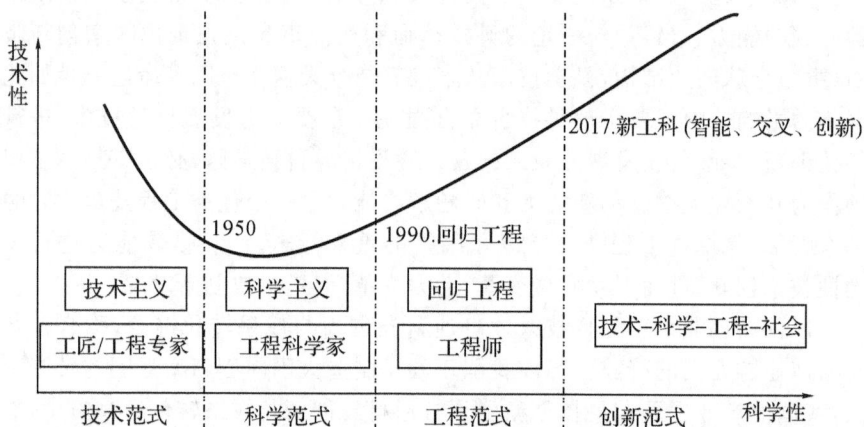

图 6-2 技术创新视角下工程教育的范式演化

我国进入新时代,在百年未有之大变局背景下,为牢牢把握新一轮科技革命和产业变革重大机遇,形成新的生产方式、生产形态、商业模式和经济增长点,工程教育将在科技创新和产业变革中继续发挥更大作用,支撑工程技术进步和科技创新成为国家之间核心竞争力的制胜法宝。知识体系主导的内生性变革和产业体系主导的外生性变革驱动我国高等工程教育发展开始进入新时代,加之全球整体环境和我国产业发展环境都在全方位地影响着我国高等工程教育体系的重塑。在这样的背景下,我国开启了具有中国特色的高等工程教育创新范式变革,实现创新要素之间的相互融通,形成独特的创新能力和核心竞争力,为实现高水平科技自立自强提供强有力的

支撑。

融入全球大挑战、可持续发展等世界性、伦理性主题开展工程教育，是国际工程教育的重要改革动向。工程复杂性对工程师胜任力提出更高要求，"技术—科学—工程"范式在不同阶段的不同侧重，始终是工程教育改革关注的核心问题。不同范式之间并不是互相排斥、不可兼容的关系，在"创新范式"下，工程教育反而更需要平衡"技术—科学—工程"以及与资本市场、经营管理、社会伦理等方面的关系。美国麻省理工学院等创立了创新能力与工程实际相结合的 CDIO 模式，并向世界很多国家的大学扩散。随着欧洲高等教育一体化博隆尼亚进程的发展，德国开始设立硕士学位，通过结构化改革，在课程教学上强化工程科学训练。法国在延续工程师学院制的基础上，也更加强调工程原理在工程教育中的分量。从工程教育的发展范式演化不难看出，工程教育是建立在技术创新与产业发展语境下的人才培养体系。进入新时代，工程教育更应承担起培养建设世界科技强国与制造强国工程科技人才的社会责任、历史使命，主动适应并且引领推动新一轮科技革命与产业变革。

（一）范式驱动的系统动力机制

高等工程教育作为组织系统，其管理存在非常大的复杂性和明显的多样性[①]，从系统理论角度来分析复杂的工程教育系统有利于分析提炼组织系统的功能子系统，以工程教育范式的演化变革进而为整个工程教育系统带来优化提升（见图 6-3）。组织是一个开放的系统，它与周围环境产生相互影响、相互作用，最优解的组成也是由众多要素相互组合构成。国际工程教育经历了由技术范式、科学范式向工程范式转型的历程，我国也从亦步亦趋的学习欧美模式踏上了探索以"新工科"建设为起点的中国工程教育的"创新范式"变革的道路。工程教育范式不断转型进阶，不仅使得其内部的功能子系统逐步优化，也对外部环境因素产生影响。反过来，内部功能子系统和外部环境的变化和发展同样作用于高等工程教育系统，满足高校提升工科人才培养质量的创新举措。

新一代的信息技术引发的知识革命和产业革命正在深入发展，工程教

---

① Fangping Ma. Research on the development strategy of industry education integration in colleges and universities under the background of "Double Cycle"[J]. Scientific Journal of Humanities and Social Sciences，2021，3(11).

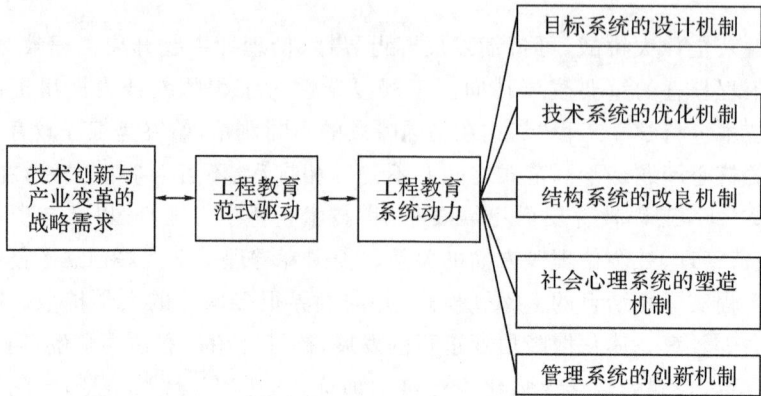

图 6-3　范式驱动的工程教育系统动力提升机制

育也随着科学技术的发展从封闭的工程教育体系转变为开放协同的工程教育生态。现代科学和工程技术正在高度分化的基础上呈现出高度综合的趋势,进一步打破学科界限、破除学科壁垒,尤其是信息技术的广泛深度应用,在新工科中融合渗透到不同学科的知识、理论、方法、技术与手段,各个学科不断地交叉汇聚融合。同时,近年来"工程范式"主导下的工程教育内涵不断丰富,尤其是在全面深化科技体制改革和教育体制改革推动下,催生了产业发展环境与工程教育环境的破壁效应,教育环境与产业环境深度融合,双方资源双向流动,共同介入工程人才培养过程,让工程教育体系与工程实践、市场需求、产业发展全面结合,形成了开放协同的工程教育生态。

高等工程教育的组织系统作为大学组织的一个代表性分支,既具有大学组织的一般特征,又对外部环境的变化非常敏感,尤其是与产业组织系统的互动非常密切。高等工程教育系统可以说是产学结合为基础的大系统[①],它从根本上提供了工程教育支撑科技自立自强的原生动力。工程教育系统的内部结构由目标与价值子系统、基础系统、结构子系统、社会心理子系统、管理子系统五个子系统组成。目标与价值系统瞄准工程教育的人才培养目标,即工程科学家、工程师、高级技术人员和工程创业人才这四类人,满足社会、产业对这些人才的需求。工程教育的基础系统核心是课程体系,但是伴随科学技术的变化,工程教育的基础系统也在发生变化,公开课、

---

① 邹晓东,韩旭,姚威.科教协同:高校办学新常态[J].高等工程教育研究,2016(1):43-50.

慕课等新的教学形式不断涌现，打破了学校这个围墙，有力地促进了知识的传播和教学质量的提升。对于高校工科人才培养而言，建立"与时俱进"的知识体系、构建"回归工程"的内容结构是基础系统优化的基本要求。每个学科都会形成特定的社会心理系统，在工程教育中也会建立某种既定的价值系统、思维方式或者研究方法，这种工科的思维会对科技创新形成潜在助力。工程教育的结构系统不同于官僚集权型的权力等级，它具有学科和专业的自主性，可以根据产业和国家的需要而调整。随着学生个性化的发展需求和主体意识的增强，学生也可以发挥自身的能动性影响管理系统，同时也有利于学生创新能力的培养。

（二）"产业—学科"产学研深度融合的能力供给机制

高等教育学科结构与产业结构的协调发展是促进产业结构顺利转型的必然要求。[①] 学科建设和产业发展都是社会再生产链条中的一部分，各自承担着不同的职责和分工，相互协调，共同推动科技进步和产业发展。产学研深度融合是学科建设和产业发展的深度合作，其本质是实现高水平的知识生产能力。学科作为专门的知识体系，是人才培养、科学研究和服务社会的基础性建设；产业作为一个国家经济结构的重要组成部分，反映着一个国家或地区的经济发展水平和科技发展方向。

工程教育扎根于新时代的土壤，新一轮的科技革命和产业革命方兴未艾，对能力的要求越来越高，导致其面临着以知识为中心向以能力为中心的迁移，因此，高等工程教育必须坚持科研与教育相统一的原则[②]，将学科建设与产业发展共同凝聚在能力供给机制的改善上。"科学范式"下工程教育以输送"理论家"为主，但是工程教育的实践性、综合性、创造性是工科人才培养的基本特征，加之以新技术、新产业、新业态、新模式等"四新"经济为核心的产业驱动力量正在重塑工程环境，智能制造、人工智能、虚拟现实、可植入技术、无人驾驶、3D打印、基因测序等一大批颠覆性创新的技术体系逐渐走向成熟，这就更加要求我们在注重理论知识的同时，提升其工程实践能

① Fangping Ma. Research on the development strategy of industry education integration in colleges and universities under the background of "Double Cycle"[J]. Scientific Journal of Humanities and Social Sciences,2021,3(11).

② Wenbin Guo, Ying Wang. Thoughts on the integrated construction of disciplines and specialties in newly-built colleges[J]. International Journal of Education and Management,2021, 6(4).

力。通过能力的提升,推动大学和产业在工程科技人才培养的知识能力、实训能力和资源能力三者协同,实现工程教育从封闭走向开放,促进工科人才培养质量提升,加强交叉学科、新兴学科的工科人才培养平台建设,有效凝聚社会力量提升工程教育水平。

通过产学研深度融合来重塑其知识能力、实训能力和资源能力,推动工程教育与产业发展环境的"破壁"。一是通过知识体系更新和产学研合作研究,可以促进知识能力的提升。根据工程人才的培养需求对课程进行创新性设计,同时打破学科的知识界限,对知识体系进行更新,将不同知识按照项目和工程设计需要进行组合,使得技术与创新创业深度融合;理论学习固然可以增加学生的知识能力,但是课程外的产业实践和科研训练对工程科技人才的培养具有同样重要的地位和作用,将其紧密结合起来形成互为补充、互为支撑的内容贯通体系。二是通过工程实践导向、双导师制和实训项目锻炼提升其实训能力。坚持以人才培养为中心,在课程学习中以工程实践为导向,提升学生的问题解决能力,建立从研发、转化、生产到管理的人才培养体系;引进行业龙头企业和紧缺型人才入高校,推动高水平大学和大中型企业共建"学校导师＋企业导师"的双导师制,探索"学历教育＋企业实训"的培养办法;通过与大型国有企业和有能力的中小型企业合作,引导它们与高校建立学生实训项目,针对企业问题和科研方向进行深度合作,鼓励企业深度参与高校科研项目,完善校企合作教育模式。三是通过教学设施、实践场地和教育经费等来提高其资源能力。在教学设置方面,突破之前工程教育的封闭性,充分利用社会资源,对教学设施通过租赁、招标等形式提升其资源利用能力;在实践场地上,与企业合作分类建设工程创新实践训练中心,共建生产性实训基地,打造开放式的实训平台,给予学生充分的实践场地进行实践训练;在教育经费上,针对科研项目中安排的实验指导经费,与第三方合作提升教育经费的使用效率。

(三)"学科—专业"科教协同的人才培养机制

学科与专业之间存在不可分割的内在联系,高校通过学科建设和专业建设的协调发展,促成知识的高质量传授,形成以能力提升为中心的人才培养体系。学科建设是知识传承创新与学科优势积累的过程,为专业建设与发展提供知识体系的支撑[①];专业建设是社会需求和学科建设的延伸,是培养高级专门人才和形成专业特色的过程,为学科建设与发展提供优质的人力资源支撑和学科专业分化与融合的可能性,是学科建设的重要方面。

在竞争性科研机制和促进高校科技成果转化战略的影响下,高校,尤其是工科院校过分强调科研成果导向和社会服务职能,忽视了科研服务教学的办学基本原则,背离了科教协同发展的高校工作方针。在新常态背景下,2015年4月,教育部科技司时任司长王延觉则进一步指出,高校的科技工作面临着更加注重原始创新和前沿突破、更加聚焦国家需求、更加强化"科教协同"的新形势任务。因此,以"产业为导向的科教协同"应成为我国高校工程教育新常态,这是把握市场产业需求产业动向、破除要素驱动发展壁垒,满足科技创新和产业发展对高水平人才需求的必经之路。[②]

威廉·冯·洪堡(Wilhelm von Humboldt)1810年首次提出科研与教育相统一的原则,将学科建设和专业发展共同凝聚在以产业发展为导向的科技自立实现路径中,是加快科技创新步伐,建设科技强国的必由之路。高校通过学科建设和专业建设的协调发展,实现人才培养、科学研究、社会服务以及文化传承的职能[③],其人才培养是核心。学科是大学的基层组织基础,学科建设是人才培养、科学研究和服务社会的基础性建设,因此学科建设的水平最终要反映在人才培养的质量、科学研究成果的水平和服务社会的效能上。[④] 随着科学技术的发展和人类社会的进步,单一学科所能解决的问题越来越受到限制。为了解决越来越复杂、综合的实际问题,国家开始逐步推动交叉学科建设发展,开展交叉学科研究可以利用各个学科的资源,从多个理论和视角来解决复杂问题,突破单一学科的限制,进行会聚创新,开展尖端、前沿学科研究,培养"跨学科""复合型"创新人才。专业是高校培养人才的平台或载体,它以学科建设为依托,专业发展的目的是培养符合社

---

① Wenbin Guo, Ying Wang. Thoughts on the Integrated Construction of Disciplines and Specialties in Newly-built Colleges[J]. International Journal of Education and Management, 2021, 6(4).

② 伯顿·克拉克.探究的场所——现代大学的科研和研究生教育[M].王承绪,译.杭州:浙江教育出版社,2001.

③ 陆军,宋筱平,陆叔云.关于学科、学科建设等相关概念的讨论[J].清华大学教育研究,2004(6):12-15.

④ 王文礼.英国工程博士的主要特征和再定位[J].高教发展与评估,2022,38(1):82-92+125.

会、产业发展所需的人才，使其达到毕业的质量要求，获得毕业证书和获授相应的学位，最终获得较好的就业机会。专业按照学历层次可以分为研究生专业和本科专业，在人才的培养发展中，"本研协同"的专业发展态势能够更好地实现高校专业教育资源的优化配置，促进本科专业和研究生专业之间的融通发展。

综上所述，在科技自立自强战略的工程人才需求框架下，本书结合工程教育发展演化的范式、工程教育的人才培养能力以及人才培养体系等分析逻辑，构建了工程教育支撑科技自立自强的制度逻辑（见图 6-4），从系统动力机制、能力供给机制、人才培养机制三个维度进行了逻辑阐述。

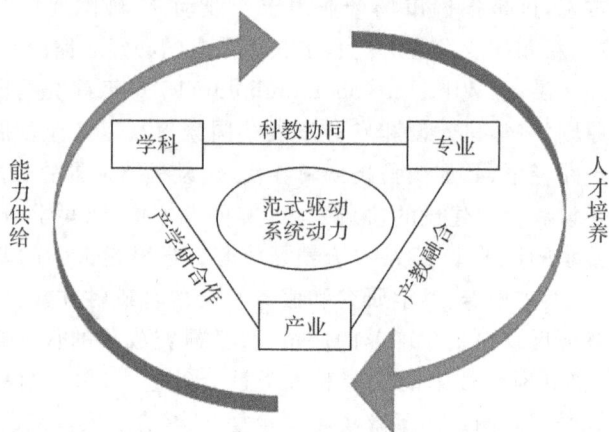

图 6-4　工程教育支撑科技自立自强的制度逻辑

三、工程教育支撑科技自立自强的实现路径

（一）知识体系优化实现路径：产业与学科的互促发展

1. 路径一：产学研结合的一流学科建设

光电学科是高精尖技术的前沿学科，关系到我国国家安全和全球核心竞争力，是急需自主掌握的关键技术之一。浙江大学光电工程学科是国家重点建设学科之一，它面向国家发展战略需求，在光电前沿科学与工程应用技术等方面取得了一系列工作进展和深厚的技术积累。一方面，通过产学研深度结合，将前沿研究和产业需求相对接实现研究成果转化，促进产业升

级,为提升我国光电科技发展提供重要支撑;另一方面,面向国家需要,解决了国防建设和经济建设中的一些重大光电学科相关工程问题,为我国的科技自强、产业发展作出重要贡献。学院的育人目标以面向光电行业的发展需求为中心,从专业学位工程硕士培养的知识结构体系维度、实践教学维度、专业基地维度等多维度对学生进行多层次培养,通过不断探索实践与创新,提升毕业生的理论学习能力、科学研究能力和创新创业发展能力,最终形成高水平的从硕士到博士的宽口径、复合型高层次人才培养体系,为国家培养了大量的光学工程、仪器仪表学科的优秀工程人才。

浙江大学光电科学与工程学院与多个行业龙头企业合作建立了实训基地、联合研究中心、实践平台等,这些平台、中心和基地大多依托浙江大学一流高校的品牌效应和企业的资源,以学科延伸、产业发展和服务地方为原则,加强高层次人才队伍建设,建设若干个特色交叉学科和科研领域,打造集技术研究、人才培养、成果转化、产业孵化于一体的科创平台。

2. 路径二:面向行业前沿的交叉学科建设

清华大学电气工程学科根据国家发展的战略需求,结合电气工程学科发展的实际需要,确立了培养基础扎实、创新能力突出的电气工程专业人才的总体目标,在坚持人才培养总体方向的前提下,面向产业发展前沿重大需求和交叉学科建设而制定了近期人才培养战略:将"通才教育与英才教育相结合、理论教学与实践教学相结合、教学与科研相结合",给"通才"拓宽通道,为"天才"开辟空间。

面向行业前沿,进行产学研协同,创新育人模式。清华大学能源互联网专业通过"电机系—研究院—产业界"的互动机制,实现产学研协同,推进科教协同、产教协同育人模式,服务国家战略,引领行业发展。一方面,通过与企业联合设立研究院支撑能源互联网方向的专业实践;另一方面,学生在实践期间了解到行业的发展方向、存在的实际问题,并在科学研究的基础上探讨解决产业发展实际问题的路径,以这种方式实现了国家战略、行业发展和人才培养之间的良性循环(见图 6-5)。

以学科交叉为特色,培养多层次、复合型工程科技人才。能源互联网是互联网与传统能源深度融合的能源产业新形态,清华大学根据科技发展的趋势和产业发展动向,结合学科优势,瞄准产业发展需求,建立了能源互联网专业。它是由能源、电气、材料、信息、热动、数据科学等多学科交叉建设而成,并且,对标能源互联网产业,新建了全部专业学位核心课,具有多学科

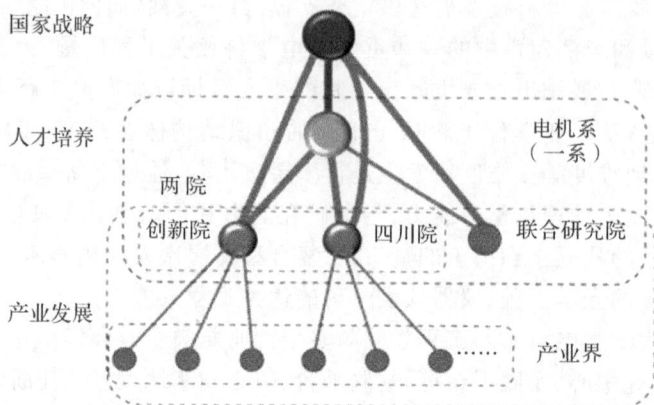

图 6-5 "产业发展—科学研究—人才培养"的协同育人机制
资料来源:清华大学能源互联网研究院网站.

交叉的综合优势、强大的行业影响力和资源整合能力,逐渐形成多学科汇聚、共生共享的工程人才培养的学科布局。

3. 路径三:面向国家战略的新学科建设

集成电路产业是保障国家安全的战略性、基础性和先导性产业。然而,我国集成电路产业人才培养体系一直存在培养结构失衡、培养效果不佳等瓶颈问题,与产业真实需求和创新实践存在巨大差距。鉴于这一情况,国务院学委会 2020 年正式决定独立设置"集成电路科学与工程"一级学科。

随之,清华大学"学堂计划"、北京大学"元培学院"、浙江大学"竺可桢学院"、中国科学技术大学"英才班"、上海交通大学"致远学院"等大批国内一流高校开始了面向国家战略的新学科建设探索。在新学科建设时,一是借力于产教融合,依托集成电路行业龙头企业、区域科技创新中心等技术力量和社会资源,让学生最大限度地将理论与实践相结合,塑造学生扎根实践的学术意识;二是在知识学习中,营造自主研究和交叉创新的知识学习氛围,鼓励学生自由探索,为未来涌现创新人才和颠覆式创新积累可能;三是注重多学科、多领域的整合培养,创造交叉融合的探索环境和开阔的学术视野,培养学生应对未来大科学、大工程挑战的能力。

（二）培养体系优化实现路径：学科与专业的协同发展

1. 路径一：以目标设计促进科教协同

英国的工程博士发展距今仅30年的时间，但已经形成了独特的教育模式，并且构成了英国研究生教育的重要组成部分，至今依旧发展势头旺盛。工程与自然科学研究委员会（Engineering and Physical Science Research Council）介绍英国工程博士"是一个在工科领域内授予的层次与哲学博士学位相当、具有职业导向性的学位，它更好地满足企业发展需要，为具有研究经验的工程技术人员未来从事企业的领导职位而设置"①，其学位的获得者具有较强的实践能力并且可以达到较高的学术标准。他们是为带领英国企业参与激烈的竞争、取得国际竞争优势、复兴英国工业和经济而培养的一批应用型、复合型、高层次的专门人才。②

英国工程博士有自己独特的研究生教育培养模式，具有产学研合作共同培养博士的特点，属于精英教育模式。每个工程博士中心都有稳定的"赞助企业"，一方面，为工程博士提供了实训平台和相关资助；另一方面，这些"赞助企业"可以利用工程博士的资源和大学中的科研成果解决企业问题，加速科技成果转化，促进企业发展。工程博士实行"双导师"制，包括学术导师和企业导师。学术导师指导工程博士的学习研究，确保其研究方向具有前沿性；企业导师指导其实践训练，确保理论知识能够创造性地运用于工程实际问题的解决。

为推进我国成为世界制造强国的目标，回应急剧变化的产业核心需求和科技快速发展，我国面向高校、科研院所和行业企业，遵循产学研融合的办学理念实施了"卓越工程师教育培养计划"，培养造就一批创新能力强、适应经济社会发展需要的高素质卓越工程师，从而实现中国工程教育人才强国的伟大使命。

"卓越工程师教育培养计划"是为促进高等教育与产业需求相适应而提出的一项培养高级专门人才的新的"质量工程"。我国的卓越工程师培养层次分为本科、硕士、博士三个阶段，每个阶段都从知识、素质和能力三个维度

---

① 陆军，宋筱平，陆叔云. 关于学科、学科建设等相关概念的讨论［J］. 清华大学教育研究，2004（6）：12-15.

② 张安富，刘兴凤. 实施"卓越工程师教育培养计划"的思考［J］. 高等工程教育研究，2010（4）：56-59.

对其明确培养目标。[①] 同时，不同类型的高校和对其工程人才培养目标的定位也是具有差异化和多样性的。我国的"卓越工程师教育培养计划"不同于以往的工程师培养模式，充分发挥了高校、科研院所和行业企业的作用，实行"双导师"制，推行基于项目的"研中学""做中学"的教学模式，实行产学研一体化培养，改革以往的培养方式与途径，以提高人才的培养层次。

2. 路径二：以机制创新促进科教协同

德国双轨制的职业教育模式是德国为了适应其经济发展、科技创新、社会进步而逐渐发展起来的一种教育模式。这种人才培养机制以企业培训为主，辅之以职业院校的理论知识作为补充，两者相互补充，共同培育产业发展所需要的技术人才。

德国的职业教育由来已久，最开始是学徒制，到后来的实科学校、工业学校、职业学校，都是单方面地进行实训或者理论学习。但是，由于科学技术的迅猛发展，传统的职业培训式育人机制已经不能满足科技发展的需要，必须同时加强理论知识和实践经验两方面的教育。这种培养机制既充分调动了行业企业的积极性，促使它们投入资源合办职业教育，又为国家节省了教育经费，促进配套的职业教育网的形成，使得教育质量不断提高，技术人才的数量不断增加。

从国内典型经验来看，浙江大学工程师学院按照"高层次、高素质、国际化"的人才培养理念，探索应用型、复合型、创新性的工程技术人才培养体系，培养造就一批具备先进工程技术研究、开发、管理、转化能力，掌握一定经营管理知识的综合类工程师和专业型工程师。

以"能力提升"为导向，构建产学研深度融合的工程教育育人模式。工程师学院突破传统专业学科限制，按照全产业链式人才培养机制进行人才培养，夯实学生的行业背景，有效推动教育链、人才链与产业链的衔接。其工程硕士（Master of Engineering，简称 MEng）培养按照"高层次、高素质、国际化"的人才培养理念，建立应用型、复合型、创新性的工程科技人才培养体系。在培养环节着重加强工程实践训练、产学合作和国际合作，实行"学校导师＋企业导师"双导师联合培养，共同实施"课程学习、工程实践实训、国际交流、技术研发创新"的一体化培养，拓展学生的学术与产业视野，提升

---

① 景安磊,钟秉林.一流工程技术人才培养的形势、问题和路径[J].国家教育行政学院学报,2020(3):65-70.

其理论能力和实践能力。

3. 路径三：以模式改革促进科教协同

工程人才短缺和工程教育质量是全世界都共同面临的问题，针对此，麻省理工学院在 2017 年启动了"新工程教育转型"，致力于培养面向未来的新工程人才。在新的人才培养模式下，麻省理工学院始终将回归工程实践和产教融合作为改革的核心，从育人理念、课程结构设计、实践平台、师资结构全方位地提升工程人才培养模式。①

麻省理工学院强调提倡学科交叉和共享研究，并且希望校内各个学院共同参与工程人才培养，还倡导高校、企业和政府合作起来，发挥多元主体的优势，建立"三螺旋"育人机制。在课程设计上，不同于传统的为了教学而学习，现在的课程设计遵循"以产业发展为导向，以项目为中心"的理念，注重实际工程问题的解决。在实践平台上，打造多元形态的工程人才培育载体，形成全产业链协同的态势，将实践基地、实验室等实体培养平台和突破时空限制的虚拟平台相结合，有效改善其人才培育的组织形态。在师资队伍的建设上，打造双师资队伍，使得学生在学习理论知识的同时了解到工程实际问题，理论与实践相互促进，进一步提升其解决问题的能力。

我国新工科建设是基于国家战略发展需求、国际竞争新形势、人才立德树人新要求而提出的我国工程教育改革的新方向，以继承创新、交叉融合、协调共享为主要途径，来培养面向未来的多元化、创新型卓越型工程人才。

新工科建设着眼于国家发展战略，重视人才知识体系的重构，强调其实践创新能力的提升以及我国工程科技人才培养的本土化。在人才的知识体系建设上，围绕产业发展对学科布局和专业设置进行前瞻性的调整，加快传统学科的改造，更加重视前沿学科和交叉知识的知识体系建设。在实践创新创业能力的提升上，加大对实践育人平台的建设，改善工程实践环境和工程实践模式，加强学生的创新创业指导，打造全方位的创新创业人才培养模式。

综上所述，本书从知识体系优化、培养能力提升这两个关键维度，提出了工程教育支撑科技自立自强的六条路径（见图 6-6）。

---

① 钟登华.新工科建设的内涵与行动[J].高等工程教育研究,2017(3):1-6.

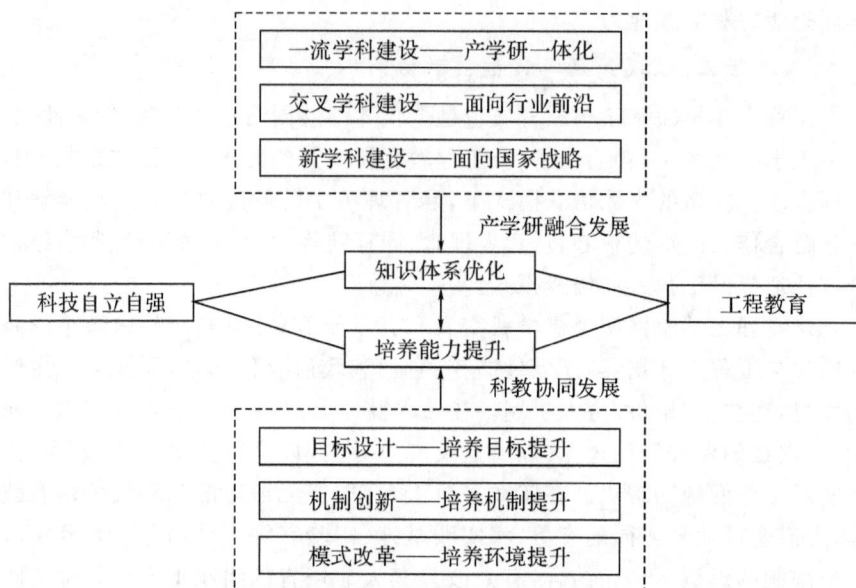

图 6-6　工程教育支撑科技自立自强的实现路径

第三节　建设科教产融合的高等工程教育体系

一、把握"新工科"建设机遇,主动识变求变应变

（一）面向产业需求错位发展,分层分类积极应变

一方面,新工科建设需要学科专业负责人、院系领导、大学学术带头人从各个组织层面发力,统筹校内外各种教育教学资源,与行业"协同办学",打造开放融合新生态,规划出实质等效的新工科建设方案。另一方面,工科优势高校、综合性高校、地方高校三类高校要根据自身办学理念、发展定位、教学资源,主动作为,错位发展。工科优势高校瞄准国家战略和国际前沿进行高、精、尖的科学研究和重大技术攻关,解决当前和未来行业发展急需,促进现有工科的交叉复合、工科与其他学科的交叉融合。综合性高校以依靠基础科学和人文社科领域的跨学科力量,面向未来新技术和新产业发展,推动应用理科向工科延伸。地方高校立足于地方产业结构调整或企业技术进

步所需要的技术开发、创新和服务,以区域经济社会的需求为导向、把握工程学科演进规律和工程教育教学规律,深刻认识地方高校改革语境中的问题,并在教育综合改革的背景下进行考量。

(二)"小课"变"大课",以本科毕业设计为主要抓手,建立从理论学习、动手实践再到探究学习的教学链条

工程实践教学必须体现设计教育思想,以毕业设计为主要抓手,把设计活动贯穿于工程实践教学的全过程,努力开发综合课程结构模型,建立能力达成与课程实践之间的一一对应关系,实现教学与实践的交叉螺旋进行,使学生全程协调地获得有意义的综合设计经验,形成未来工程师的综合品质和创新能力。

(三)立足"探究性课程",建设一批具有示范性的精品基础核心课程,实现课程持续优化

梳理课程知识点,按照工程逻辑构建模块化课程,开展项目导向的课程体系重构,构建突出工程性与创新性的工程课程体系。以优质科研资源的互补互动为基本保障,全面推进研究型、探究性、开放性课程设置,推进教学方式从传统课堂灌输向交互式、讨论式、主动式教学转变。建设一批具有示范性的精品课程、基础核心课程与实验课程,这类示范性课程应具有稳定的教学团队、精选的教学内容、科学的教学设计、灵活的教学手段和教学方法,具备操作性、推广性和可借鉴性,能发挥引领和辐射作用。

(四)立足"回归工程"和"主动实践",增加实践教学的梯度和层次,实现综合素质能力培养与提升

实践教育环节应强调学生主动参与,注重层次性、连续性和贯通性。推广探究性实验,注重启发式教学,实现真刀真枪做设计,增加实践活动的梯度和层次,构建基于能力和全过程的实践教学评价体系,注重工程意识与能力的培养,做到有的放矢。推广 CDIO 模式,推行科研训练计划和创新创业竞赛,让学生经历概念构思到产品实现的全阶段,通过主动实践和做中学,获得应用工程科学技术知识设计产品的能力和制作产品、系统的能力。

二、推进"数字化"机制探索,构建工程教育平台

(一)数字技术为传统教学模式赋能,搭建理论与实践联通的桥梁

新工科背景下国家新战略和新兴产业发展急需具备科研素质、创新精神和实践能力的复合型创新人才。伴随计算机发展的数字化时代为新一轮

工业革命提供了强大驱动力，数字化技术将人工智能、云计算、大数据、虚拟现实、数字仿真、3D 设计建模等技术成功应用于航空航天、电子器件、汽车工业、农业等各个领域。利用数字化技术，构建虚拟仿真平台和模型并运用到教育教学活动中，开展理论学习和实践教学过程联通转换，形成"理论—创意—实践—创新"系统化教育模式，从而可以更好地培养复合型创新人才。此外，数字化仿真建模所讲授的底层建模技术具有更强的包容度，学生在基础模块上，可以根据自身兴趣和需求创建不同类型的模型。数字化仿真建模强调的是学生通过基本模型的构建所获得的建模能力，能够对"新工科"背景下跨学科、跨平台能力的培养提供支撑。将数字化技术应用到高等教育中是搭建理论学习与实践教学桥梁不可或缺的工具，也为新工科建设中教学方法、教学内容、考核方式等方面教学改革构建了强大支撑平台，能够为新产业和新战略下创新人才培养与输出提供有力保障。

（二）完善线上教学机制，打造全生命周期的开放式工程教育模式

在人工智能、大数据、虚拟现实等新兴信息技术推动的新时代背景下，"互联网＋教育"已经成为当前教育信息化新阶段的特征，线上教育教学是"互联网＋教育"的必然趋势。工科教学模式也应顺应时代发展趋势，与信息技术相结合，利用智能化教学方式和手段，不断推进工程教育体系智能化变革。

线上教育教学能够打破传统课堂固定时空格局的限制，将教学的时间和地点利用互联网技术进行扩展，实现"线上＋线下"相结合的高效教学模式。主动变革教学范式，以信息技术为抓手，遵循认知科学、学习科学、工程教育学已有规律，利用计算机和数据资源设计情景化、交互式的工程实践虚拟平台，推进信息技术与工程教育模式的深度融合与创新；采用基于慕课的混合教学模式，依托虚拟现实、多媒体、人机交互、数据库和网络通信等技术进行虚拟仿真实验教学，提高工程教育应灾能力；积极探索基于慕课的校企协同人才培养模式，学生通过"修习校企联合打造慕课＋企业现场项目实践"形式实现线上线下混合式工程教育；搭建国际工程教育在线平台，在深入挖掘国内高校优质工程课程的基础上，引进全球性、区域性顶尖高校工程教育的优质资源，打造高质量的国际工程教育在线平台；以质量为本，加快制定线上课程的质量标准体系，相关部门及高校进行严格监管和实时跟踪反馈。

三、强化"融合化"建设进程，促进科教产深度融合

（一）打破学科壁垒，促进学科交叉融合

"新工科"作为高教改革发展的先锋，集中表现为知识体系的迅速迭代，要促进专业基础知识与专业前沿知识、专业知识与其他工科专业知识、专业知识与人文社科知识的融合。改革传统教学线性叠加式的知识体系构建方式，围绕工程问题解决构建知识体系，推进学科交叉与专业协同，拓宽工科学生的知识面，形成知识的共振、突破与创新。同时，遵循继承与创新、交叉与融合、协调与共享的发展逻辑，增强教师、学生、专业、课程、教材、条件、质量保障等基本要素之间的融合性，推动新工科教育实现全要素全链条的人才培养改革。

（二）推进科教融合，促进科研资源向教学倾斜

立足"科研资源向教学倾斜"，向本科生开放科研资源，推行"博士生实验导师"计划。向本科生开放教师主导的科研项目，指导学生参与科学研究活动，使培养活动与科研活动相辅相成。24 小时向本科生开放实验室，允许学生通过网上预约平台自主安排实验活动。发挥工程实验中心、专业实验室、科技开发平台、技术转化基地等校内外科技基础设施和科研实践空间的人才培养功能，统筹学科资源，实施立体化培养。构建阶梯型实验导师队伍，引进博士生充实现有实验教师队伍，让博士生充当实验导师，为学生实验过程及步骤提供辅导。

立足"人才培养为重"，科研项目中专门安排本科生培养经费，提高本科生的科研实践能力。改革以往以科研成果为结项指标的科研项目评价体系，将人才培养（尤其是本科生）列为科研项目立项及结题中的重要指标，在科研项目中安排专门针对本科生的实验指导经费，落实以科研项目育人的科教融合方法。

（三）突破组织边界，构建对接国家创新战略的工程教育生态体系

立足"企业实验室"，分类建设制造业工程创新训练中心，打造"开放式实训平台"。分类建设制造业工程创新训练中心，共建生产性实训基地，打造开放式实训平台；遵循协同育人的理念，适应"互联网＋制造业"开放式创新环境对人才的新需求，依托重点专业（群），校企共建研发机构，培养创新型人才；培养制造业急需的科研人员、技术技能人才与复合型人才，深化相关领域工程博士、工程硕士等专业学位招生和培养模式改革，积极推进产学

研结合。

立足"校企旋转门",大力推行高校实践型师资计划,构建"双师型教师队伍"。引进制造业领军人才和紧缺人才,推进高水平大学和大中型企业共建"双师型"教师培养培训基地;推行高校工程师实践型师资计划,增强工科教师现场工程经验,探索"学历教育+企业实训"的培养办法。改进企事业单位人员薪酬和岗位管理制度,破除人才流动的体制机制障碍,促进人员在事业单位和企业间合理流动。允许高等学校、科研院所设立一定比例流动岗位,吸引有创新实践经验的企业家和企业科技人才兼职。

进一步深化产学协同育人,号召要求国有企业、鼓励支持创新型企业建立大学生实习基地。政府部门和高校需要加强培养体系优化设计和制度研究,推动实现大学和产业在工程科技人才培养的目标、组织、资源三者上协同,促进工科人才培养质量提升,加强交叉学科、新兴学科的工科人才培养平台建设,有效凝聚社会力量提升工程教育水平。通过制定开放企业实验室的相关政策及考评指标,引导大型国有企业建立接纳大学生实践训练的责任和义务;鼓励高校主动与技术先进、管理规范、社会责任感强的"小巨人"企业开展深度合作,完善校企合作教育模式,鼓励企业深度参与高校课程体系重构。

建立一批产学研示范学院,培养"应用型工程师";重视工科人才的继续教育,鼓励支持企业大学的建设。在国家层面,相关行业部门(协会)和教育部门联合,统筹规划布局,集聚 10 个重点领域优势企业和相关高校优势学科专业,结合制造业创新中心(工业技术研究基地)建立一批国家级产学研合作示范学院。在省级层面,由省级政府统筹,面向地方行业需求,集聚地方优势企业和地方高校相关学科专业,建立一批省级产学研合作示范学院。产学研合作示范学院应具有独立运行的组织管理体系,明确院系领导班子、教师队伍、教学组织等(可以独立设置,也可以依托现有学院设置)。产学研合作示范学院要坚持以人才培养为中心,主动面向产业需求,结合自身优势、特色和国家的战略布局,加强交叉型、复合型人才培养,培养制造业发展急需的专业技术人才和经营管理人才,建立从研发、转化、生产到管理的人才培养体系。产学研合作示范学院要加强与行业内优势企业、创新中心(基地)等的合作,共建高水平学生实习实践基地,建立产学研合作协同育人长效机制,探索建立产学研合作理事会(董事会)。

（四）推动校际协作，构建对接国际人才标准的工程教育协同育人平台

工科院校之间合作的主要障碍在于工科人才培养的"同质化"现象和价值导向问题，需要通过校际协作突破组织界限，进一步凝练明确各个高校的办学特色和优势，重点通过课程资源互换、师资队伍共享、实践平台共建等工程教育模式的制度化建设，解决工科人才培养多元化、个性化、拔尖型、创新型等资源需求瓶颈问题。充分发挥全国高校工科教改协作组的组织优势，为工程教育资源共享平台架构与共享机制设计提供专家建议和实验空间，逐步探索建立公开课设计、学分互换、师资共享、实践教育平台共建等工程教育改革实践的协作体系，提高工科人才培养资源的优化配置效率。

立足"以学生为中心"，推动校际学分互换与教学资源优化，构建网络化工程教育慕课平台。以学生为中心，整合协作高校、企业、科研院所、创新中心等多方面的力量共建工程技术人才培养资源，建成一批优质的教材、课程、实验平台、实践基地、师资等教育资源。依托先进的信息技术手段和创新的管理模式建立教育资源开放共享机制和平台。试点整合一流大学的教育教学资源，构建 MOOC 中国网络平台，依托数字化技术撕开了成员高校之间的组织边界，实现政策发布、学生管理、网上教学、项目管理等领域的一体化管理，提高联盟运行效率和影响力，为学生的知识学习创造开放、高效、互动的教学环境，建设虚拟仿真实验教学平台与实验项目。

立足"资源优化配置"，推动工科人才培养的国际化水平，构建优势互补的工程教育联盟体系。鼓励高校积极开展多模式、深层次、全方位的国际合作办学实践，加强与信誉良好的国际组织、跨国企业以及职业教育发达国家开展交流与合作，鼓励各院系在国际上寻找对标学院，并根据学科发展阶段、特点和学院自身条件，分类推动开展多种形式的国际合作办学，走出了一条"重点突破、以点带面、全面创新"的分布式发展之路；支持高校学习和引进国际先进职业标准、专业课程、教材体系和数字化教育资源；采取多种形式选拔各类优秀人才，重点是鼓励专业技术人才到国外学习培训，探索建立国际培训基地。

立足"市场需求导向"，推动我国工科人才与国际市场对标，构建多维度工程教育评估体系。根据国际工程科技人才的质量标准和我国产业发展的人才需求，逐步构建起"市场需求"导向的多维度工程教育评价体系，并在我国工程教育联盟高校间试点推行，鼓励产业界、国内外联盟高校、在校学生以及毕业生等利益相关方，针对高校的教育教学质量、师资质量、人才输出

质量、成果转化质量等多个维度进行评价,并以此作为我国工程教育联盟对成员高校进行激励和淘汰的标准。尝试鼓励高校建立毕业生跟踪反馈机制,发布毕业生、校友就业质量与发展状况报告;鼓励行业发布高校对行业发展贡献度报告;实施工程教育专业认证,开展星级专业评价试点工作等。

四、顺应"后疫情"变革趋势,推动新一轮教育改革

(一)关注核心关键技术突破,推动后疫情时代产业变革主引擎建设

深化"新工科"研究与实践项目,力戒人才培养方案同质化、课程体系建设陈旧、产学研合作模式不明确,以高校工程教育建设响应产业和经济变革主引擎建设;高校积极关注核心关键技术、"卡脖子"技术领域的突破,依托未来技术学院和现代产业学院进行联合培养项目,从专业学位研究生培养开始先行先试的探索实践,防止产业脱钩脱节的培养载体;融通产业环境和教育环境,依托企业生态和城市科技园区,融合教室、企业实验室、企业办公室等载体,共建共享一批产教融合创新平台,形成工程教育新的生态。在新专业建设上,坚持需求原则和质量导向,聚焦关键领域和急需紧缺学科,科学设置专业,严格把控专业建设全过程,强化人才培养供给侧改革。

(二)依托国家和区域重大新型研发平台,政产学研联动提升卓越工程师能力素质

聚焦卓越工程师培养,各高校加快构建关键核心技术攻关的迅速反应机制,促进高新技术产业向高校辐射,提升学生对产业、行业的敏感性和适应性;依托重大科技基础设施、国家重点实验室、前沿科学中心等重大科研平台,培养尖端工程科技人才,实现工程科学颠覆性突破;创新科技成果转化机制,地方政府建立地区研究院,依托本地产业优势环境打通地方产学研创新链、产业链、价值链;加强首批科技成果转移转化基地的示范引领作用,把人才培养作为重要枢纽,搭建全链条的成果转化体系;打造校企深度融合的"产业技术学院",以项目为任务,以问题为牵引,以课程形式参与科研工作,致力于卓越工程师的知识体系构建和关键能力塑造。

(三)建设综合型长效评价体系,以项目带动高校工程教育整体质量提升

专门立项,研究和制定"新工科"的综合型评价体系,设立专门机构来贯彻执行"新工科"评价体系,避免评价体系指标化、数据化导向。打破传统的以单一项目评估"新工科"建设情况的评价体系,关注项目对校内整体工程

教育质量提升的带动效应。研究制定多学科交叉融合能力达成的评价标准和考核办法，建立质量监控体系；运用大数据技术，对教学效果、学生跟踪、教改成效、教学结果、学生成绩、学生能力等进行单独与综合数据分析，依托大数据监控平台建立"新工科"培养的独立监控模块。重点建设对教师教育教学和培养方案的评价机制，以适应经济社会发展需求、促进人的全面发展作为衡量人才培养质量的根本标准，保障"新工科"建设长效建设的评价体系。

第四节　总结与展望

本书围绕"工程教育体系"这一核心议题展开，聚焦新时代、中国特色这两个关键问题，以产业经济发展为脉络深入分析新中国成立 70 多年来工程教育体系的演化变迁，牢牢把握"新时代"工程知识结构、科教产融合环境正经历的巨大变革机遇，进一步提出新时代具有中国特色的工程教育体系"创新范式"发展道路。研究报告分为五部分：第一部分，介绍了国内国际工程教育现状及课题研究设计；第二部分，分析了我国工程教育体系的演化变迁路径；第三部分，阐述了新时代工程教育体系所面临的两大变革，以及对工程教育范式重构的影响；第四部分，选取了国内具有代表性的工程教育案例进行剖析，总结提出新时代中国特色工程教育体系构建路径；第五部分，总结凝练工程教育体系创新范式的内涵与特征，从推动我国工程教育高质量发展的视角提出政策建议，为建设世界制造强国提供坚强有力的工程科技人才支撑。

参考文献

英文文献：

[1] Barbieri, E. & Fitzgibbon, W. Transformational Paradigm for Engineering and Engineering Technology Education [J]. Unt Scholarly Works, 2008(2).

[2] Bordogna, J., Fromm, E. & Ernst, E. W. Engineering Education: Innovation Through Integration[J]. Journal of Engineering Education, 1993, 82(1): 3-8.

[3] Bush, T. Theories of Educational Management[J]. International Journal of Educational Leadership Preparation, 1995, 1 (100): 25.

[4] Clark, B. R. Burton Clark's The Higher Education System: Academic Organization in Cross-National Perspective[M]. Berkeley: University of California Press, 1986.

[5] Chen H, Doco M C, Son J. Nanotechnology Public Funding and Impact Analysis: A Tale of Two Decades (1991—2010) [J]. IEEE Nanotechnology Magazine 2013, 7(1): 9-14.

[6] Cranch, E. T. Engineering Undergraduate Education[J]. National Research Council, 1986.

[7] Crawley, E. F., Malmqvist, J. & Stlund, S. et al. Rethinking Engineering Education: The CDIO Approach[M]. New York: Springer, 2007: 1-5.

[8] Dertouzos, M. L., Lester, R. K. & Solow, R. M. Made in

America[J]. 1992: Strategies for the Single Market-Business Book Summaries, 1989, 3(8): 1125.

[9] Ma, F. P. Research on the Development Strategy of Industry Education Integration in Colleges and Universities Under the Background of "Double Cycle"[J]. Scientific Journal of Humanities and Social Sciences, 2021, 3(11).

[10] Grasso, D. & Martinelli, D. Holistic Engineering Education: Beyond Technology[M]. New York: Springer, 2010: 11-15.

[11] Grinter, L. E. Report on the Evaluation of Engineering Education[J]. Journal of Engineering Education, 1955, 46(1): 25-63.

[12] Johnson, R. A., Kast, F. E. & Rosenzweig, J. E. The Theory and Management of Systems[J]. Journal of the American Statistical Association, 1963, 58(303): 79-94.

[13] Kast, F. E. & Rosenzweig, J. E. Organization and Management : A Systems and Contingency Approach[M]. New York: McGraw-Hill, 1979.

[14] MIT School of Engineering. New Machines & Systems [EB/OL]. (2017-12-02). http: //neet. mit. edu/charter/.

[15] Moses, J. Engineering with a Big E: Integrative Education in Engineering[J]. Long Range Plan, 1994, 27.

[16] Roco, M. C. Nanotechnology—A Frontier for Engineering Education[J]. International Journal of Engineering Education, 2002.

[17] NRC. Ruminant Nitrogen Usage[M]. Washington, D. C. : National Academy Press, 1985.

[18] NSB. The Science and Engineering Workforce: Realizing America's Potential[M]. Washington, D. C. : National Science Foundation, 2003.

[19] Profession, G. B. C. O. & Finniston, S. M. Engineering Our Future: Report of the Committee of Inquiry into the Engineering Profession[J]. Aircraft Engineering and Aerospace Techno-

logy, 1980, 52(3): 13-15.

[20] Reynolds, T. S. & Seely, B. E. Striving for Balance: A Hundred Years of the American Society for Engineering Education [J]. Journal of Engineering Education, 1993, 82(3): 136-151.

[21] Seely, B. E. The Other Re-engineering of Engineering Education, 1900-1965[J]. Journal of Engineering Education, 1999, 88(3): 285-294.

[22] Wall, K. Engineering: Issues Challenges and Opportunities for Development[M]. Paris: UNESCO Publishing, 2010.

[23] Weick, K. E. Educational Organizations as Loosely Coupled Systems[J]. Administrative Science Quarterly, 1976, 21(1): 1-1.

[24] Guo, W. B. & Wang, Y. Thoughts on the Integrated Construction of Disciplines and Specialties in Newly-built Colleges [J]. International Journal of Education and Management, 2021, 6(4).

[25] Yin, R. K. Case Study Research Design and Methods[M]. Thousand Oaks: Sage Publications, 2003.

中文文献：

[26] 安筱鹏. 拥抱不确定性：从"战疫"看企业数字化转型的五大启示 [EB/OL]. (2020-04-10) [2021-04-03]. http://www.aliresearch.com/cn/information/informationdetails? articleCode = 569650246101278728&type=％E6％96％B0％E9％97％BB.

[27] 克拉克. 探究的场所——现代大学的科研和研究生教育[M]. 王承绪,译. 杭州：浙江教育出版社,2001.

[28] 常晓玲. 高等工程教育的系统科学研究[J]. 大学教育科学,1996 (4): 14-16.

[29] 迟卫华,等. 我国工业产业结构变迁与工程教育模式演变及发展趋势[J]. 重庆高教研究,2015,3(05): 104-108.

[30] 迟卫华. 我国工程教育模式演进及其与产业发展的关系研究[D]. 大连：大连理工大学,2015.

［31］顾洁.现代教育技术［M］.北京：科学出版社,2009.

［32］教育部.关于实施高等学校课程改革的决定［J］.人民教育,1950
（5）：67-68.

［33］教育部.关于高等工程教育层次、规格和学习年限调整改革问题
的几点意见［J］.高教战线,1984（6）：43-44.

［34］《高等工程教育》编辑部.官产学研合作与工程教育体系建设——
主题座谈会系列之一［J］.高等工程教育研究,2008（4）：1-12.

［35］郝维谦,等.高等教育史［M］.海口：海南出版社,2000.

［36］何东昌.中华人民共和国教育史：下卷［M］.海口：海南出版社,
2007：687.

［37］何东昌.中华人民共和国重要教育文献（1976—1990）［M］.海口：
海南出版社,1998：2170-2171,1177-1187.

［38］洪群联,周鑫.新一轮科技革命和产业变革下服务业发展的趋势
与对策［J］.宏观经济管理,2018（4）：38-41.

［39］侯凤岐,刘敬发.论教育的多维结构与功能［J］.黑龙江高教研究,
1987（1）.

［40］侯光明.组织系统科学概论［M］.北京：科学出版社,2006.

［41］胡建华.现代中国大学制度的原点：50年代初期的大学改革
［M］.南京：南京师范大学出版社,2001.

［42］金雪军,朱玉成.创新链产业链融合与实体经济转型升级［J］.国
家治理,2021（29）：34-37.DOI：10.16619/j.cnki.cn10-1264/d.
2021.29.007.

［43］景安磊,钟秉林.一流工程技术人才培养的形势、问题和路径［J］.
国家教育行政学院学报,2020（3）：65-70.

［44］李飞,张炜,吕正则.高等工程教育系统的理论建构与特征分析
［J］.高等工程教育研究,2019（5）：180-186.

［45］李冀.教育管理辞典［M］.海口：海南人民出版社,1989.

［46］李金松.系统论、信息论、控制论与教育改革［M］.武汉：湖北教育
出版社,1989.

［47］李曼丽.工程师与工程教育新论［M］.北京：商务印书馆,2010.

［48］李茂国,朱正伟.工程教育范式：从回归工程走向融合创新［J］.中
国高教研究,2017（6）：30-36.DOI：10.16298/j.cnki.1004-3667.

2017.06.06.

[49] 李文铸.在专题研究会闭幕会上的总结发言[J].高等工程教育研究,1983,(2)：110-114.

[50] 李晓强.工程教育再造的机理与路径研究[D].杭州:浙江大学,2008.

[51] 林建华.工程教育的三种模式[J].中国高教研究,2021(7)：15-19.

[52] 林健,郑丽娜.从大国迈向强国:改革开放40年中国工程教育[J].清华大学教育研究,2018,39(2)：1-17.

[53] 林健."卓越工程师教育培养计划"通用标准研制[J].高等工程教育研究,2010(4)：21-29.

[54] 林健.面向"卓越工程师"培养的课程体系和教学内容改革[J].高等工程教育研究,2011(5)：1-9.

[55] 林健.引领高等教育改革的新工科建设[J].中国高等教育,2017(Z2)：40-43.

[56] 林健.卓越工程师创新能力的培养[J].高等工程教育研究,2012(5)：1-17.

[57] 陆军,宋筱平,陆叔云.关于学科、学科建设等相关概念的讨论[J].清华大学教育研究,2004(6)：12-15.

[58] 马寿喜,等.高等工程教育中专业划分与调整原则的探讨[J].高等工程教育研究,1983,(S1)：59-70.

[59] 马叙伦.五年来新中国的高等教育[J].人民教育,1954(10).

[60] 马毓义.对这次会议的初步总结[J].高等工程教育研究,1983,(S1)：11-14.

[61] 毛祖桓.教育学的系统观与教育系统工程[M].成都:四川教育出版社,1988.

[62] 潘云鹤.人工智能2.0与教育的发展[J].中国远程教育,2018(5)：5-8＋44＋79.

[63] 潘云鹤.新时代高等工程教育的范式变革与未来展望[J].科教发展研究,2021,1(1)：11-23.

[64] 钱学森.工程和工程科学[J].工程研究——跨学科视野中的工程,2010,2(4)：282-289.

[65] 钱学森.论系统工程[M].长沙：湖南科学技术出版社,1982.

[66] 沈黎勇,齐书宇,费兰兰.高校产教融合背景下人才培育困境化解：基于 MIT 工程人才培养模式研究[J].高等工程教育研究,2021(6)：146-151.

[67] 孙海法,刘运国,方琳.案例研究的方法论[J].科研管理,2004(2)：107-112.

[68] 陶宇斐.我国高等工程教育实践教学发展研究(1990—2019)[J].上海交通大学学报(哲学社会科学版),2021,141(29)：156-166.

[69] 王沛民,顾建民,刘伟民.工程教育基础[M].北京：高等教育出版社,2015.

[70] 王沛民.中国工程教育研究(EER)：式微与复兴[J].高等工程教育研究,2013(6)：13-21.

[71] 王文礼.英国工程博士的主要特征和再定位[J].高教发展与评估,2022,38(1)：82-92＋125.

[72] 魏江,刘洋,等.数字创新[M].北京：机械工业出版社,2020.

[73] 伍蓓,陈劲,蒋国俊,胡建雄,朱朝晖.学科会聚的起源、模式及影响因素分析[J].高等工程教育研究,2008(2)：73-78.

[74] 肖凤翔,覃丽君.麻省理工学院新工程教育改革的形成、内容及内在逻辑[J].高等工程教育研究,2018(2)：45-51.

[75] 新华网.互联网助力战"疫",习近平的这些话更显意义非凡[EB/OL].(2020-04-20)[2022-12-22].http：//www.xinhuanet.com/politics/xxjxs/2020-04/20/c_1125879647.htm.

[76] 徐小洲,臧玲玲.创业教育与工程教育的融合——美国欧林工学院教育模式探析[J].高等工程教育研究,2014(1)：103-107.

[77] 徐智德.从科举考核看中国教育考试的改革[J].现代教育科学,2000(9)：33-36.

[78] 颜泽贤.教育系统论[M].郑州：河南教育出版社,1991.

[79] 杨国赐.系统分析在教育革新上的应用[M].台北：水牛图书出版事业有限公司,1987.

[80] 杨华勇.工程机械智能化进展与发展趋势[J].建设机械技术与管理,2017,30(12)：19-21.

[81] 杨亮.基于教育系统工程理论的高等教育学科结构优化研究[D].

天津：天津大学,2011.

[82] 杨林,陈书全,韩科技.新常态下高等教育学科专业结构与产业结构优化的协调性分析[J].教育发展研究,2015,35(21)：45-51.

[83] 叶民,叶伟巍.美国工程教育演进史初探[J].高等工程教育研究,2013(2)：109-114.

[84] 应望江.中国高等教育改革与发展30年(1978—2008)[M].上海：上海财经大学出版社,2008：334.

[85] 于淑云,李诚忠.教育系统工程[M].长春：东北师范大学出版社,1995.

[86] 查建中.中国工程教育改革三大战略[M].北京：北京理工大学出版社,2009.

[87] 查有梁.系统科学与教育[M].北京：人民教育出版社,1993.

[88] 张安富,刘兴凤.实施"卓越工程师教育培养计划"的思考[J].高等工程教育研究,2010(4)：56-59.

[89] 张光宇,等.新型研发机构研究：学理分析和治理体系[M].北京：科学出版社,2021：115.

[90] 张家全.浅论教学评价技术[J].中小学管理,1990(S1)：24-28.

[91] 张学文,陈劲.科技自立自强的理论、战略与实践逻辑[J].科学学研究,2021,39(5)：769-770. DOI：10.16192/j.cnki.1003-2053. 2021.05.001.

[92] 张有录.新建地方本科院校教育技术学专业培养目标的确立[J].中国教育信息化,2009(13)：9-11.

[93] 张宗麟.预祝高等学校课程改革的成功[J].人民教育,1950(5).

[94] 赵沁平.建设科技平台会聚学科力量提高研究型大学的自主创新能力[J].中国高等教育,2005(23)：3-4.

[95] 赵文华.高等教育系统论[M].桂林：广西师范大学出版社,2001.

[96] 曾昭抡.《高等学校的"专业"设置问题》[J].人民教育,1952,(9).

[97] 曾昭抡.《在前进中的规定学校教学改革》[J].人民教育,1954,(10).

[98] 中华人民共和国国家计划委员.中华人民共和国发展国民经济的第一个五年计划：1953—1957[M].北京：人民出版社,1955：121.

［99］中华人民共和国教育部计划财务司.中国教育成就·统计资料 ［M］.北京：人民教育出版社,1984：66-67.

［100］《中国教育年鉴》编辑部.中国教育年鉴（1949—1981）［M］.北 京：中国大百科全书出版社,1984：177.

［101］《中国教育年鉴》编辑部.中国教育年鉴（1949—1981）［M］.北 京：中国大百科全书出版社,1984：965.

［102］钟登华.新工科建设的内涵与行动［J］.高等工程教育研究,2017 （3）：1-6.

［103］周恩来.在全国高等教育会议上的讲话（1950 年 6 月 8 日） ［M］//周恩来教育文选.北京：教育科学出版社,1984.

［104］周凌宇,李静蓉.我国高等工程教育系统工程教育体系的生态学 审视［J］.长沙铁道学院学报（社会科学版）,2013,14（1）：77-80.

［105］周如金,范忠烽,刘美.新时代卓越高等工程教育路径创新探索 ［J］.高教探索,2021,221（9）：9-12.

［106］朱凌,施锦诚,吴婧姗.培养工程师的数字化能力［J］.高等工程 教育研究,2020（3）：60-67.

［107］朱伟文,李亚东.MIT"项目中心课程"人才培养模式解析及启示 ［J］.高等工程教育研究,2019（1）：158-164.

［108］邹赐岚.工程教育课程重构：时代抉择与范式转换［J］.中国成人 教育,2016（5）：118-121.

［109］邹晓东,韩旭,姚威.科教协同：高校办学新常态［J］.高等工程教 育研究,2016（1）：43-50.

［110］邹晓东,王沛民,孔寒冰.关于科学与工程教育创新的思考［J］. 管理工程学报,2010（s1）：52-54.